존재 자체로
괜찮은 날이었다

지금 이 순간의 당신으로도 충분하다

존재 자체로 괜찮은 날이었다

권미주 지음

밀리언서재

추천사

・・・

이 책은 3가지, 즉 저자가 읽은 것, 들은 것, 그리고 겪은 것을 재료로 쓰여졌습니다. 저자는 신학자, 철학자, 상담의 대가들이 깨우쳤던 인간에 대한 이해와 삶에 대한 지혜를 읽었고, 최선을 다해 살아온 내담자들의 이야기를 들었으며, 자신의 눈앞에 다가온 현실과 선택의 기로에서 피하거나 미루지 않고 생생하게 겪었습니다. 그래서인지 이 책은 따뜻하면서도 냉철합니다. 잔잔하면서도 큰 울림이 있습니다. 그리고 지나간 삶을 이야기하지만, 겪어낼 삶에 대한 희망으로 마무리합니다. '위로한다'는 말이 없는데 위로가 되고, 깨치는 느낌이 없지만 깨달음이 있으며, '이리로 가라'고 방향을 지시하지 않지만 각자 성장하게끔 앞을 열어줍니다.

_ 김창대(서울대학교 교수)

・・・

이 책은 누군가의 밤을 덜 외롭게 해주고, 누군가의 아침에 다시 숨을 불어넣을 것입니다. 물이 그러하듯 낮은 곳으로 흘러 마음의 그늘을 적시기 때문입니다. 감정을 억누르지 않고 그것이 지나가도록 허락하는 법을 가르쳐줍니다. 삶을 바꾸려 들기보다 그저 곁에 머무는 지혜를 일깨워줍니다. 고통도 기쁨도 스승이 되어 마침내 스스로를 품게 하는 길, 그 길의 언어들이 이 글 안에 고요히 놓여 있습니다. 조금은 흔들리지만, 그러나 분명히 잘 살아가고자 하는 모든 이에게, 문장들은 바람처럼 다가와 말없이 등을 토닥입니다.

_ 이상억(장로회신학대학교 교수)

· · ·

타인과의 관계보다 더 힘든 것은 '내 마음을 내가 이해하지 못할 때'입니다. 그런 마음에 조용히 걸터앉는 책입니다. 살다 보면 설명할 수 없는 마음이 찾아옵니다. 괜히 울컥하고, 이유 없이 지치고, 말없이 붉어진 눈으로 하루를 견디는 날들. 울지 않아야 강한 게 아니라, 느낄 수 있기에 살아 있는 거라고, 이 책이 당신에게 말을 건넵니다.

_ 금선미(상담심리전문가, 작가, 감정코치, 여행가)

· · ·

이 책은 페르시아의 신비주의 시인 잘랄루딘 루미의 〈여인숙(The Guest House)〉이라는 시를 떠올리게 합니다. "인간이라는 존재는 여인숙과 같다. 매일 아침 새로운 손님이 도착한다. 기쁨, 절망, 슬픔……누가 들어오든 감사하게 여겨라. 모든 손님은 저 멀리서 보낸 안내자들이니까." 매일 아침 새롭게 찾아오는 손님인 감정을 요란스럽지 않고 차분하면서도 잔잔하게 받아들이는 방법을 알려줍니다. 그렇게 감정을 받아들일 때 다시 한 번 나의 삶에도 희망이 있음을 믿게 됩니다. 괜찮다는 말과 희망을 듣고 싶은 이들에게 이 책을 권합니다.

_ 안인숙(서울대학교 대학생활문화원 전문위원)

지금 이 순간의
당신으로도 충분하다

...

프롤로그

자기존중감이 지켜준
하루의 기록

사람들이 조심스럽게 꺼내는 이야기를 오랜 시간 들어왔습니다. 속삭이듯 시작되는 말들 속에는 어김없이 삶의 무게가 실려 있었습니다. 흐릿한 눈빛, 떨리는 목소리, 망설임 끝에 꺼내는 고백들. 그 마음들이 흘러갈 수 있도록 기다려주는 것이 저의 일이었습니다.

"저만 이런가요?"
"이렇게 힘들어하는 제가 이상한 걸까요?"

이런 질문 속에는 말로 다 표현하지 못하는 슬픔과 부끄러움, 그리고 고요한 용기가 담겨 있습니다. 그럴 때마다 저는 마음속으로 조용히 속삭입니다.

"괜찮아요. 그럴 수 있지요."

심리상담사로 일하며 수많은 감정의 얼굴을 보아왔습니다. 기쁨보다 슬픔이 먼저 떠오르고, 웃음보다 울음이 먼저 나오는 삶의 순간들 속에는 약함이나 부족함이 아닌, 살아가려는 치열한 의지가 깃들어 있었습니다.

《존재 자체로 괜찮은 날이었다》는 감정이라는 이름의 나침반을 들고 길을 찾는 사람들을 위한 책입니다. 기쁨보다 슬픔이 먼저 떠오를 때, 웃음보다 울음이 먼저 나올 때, 그 감정을 억누르기보다 조용히 마주하고 느끼고 흘려보내며 나를 돌볼 수 있기를 바랐습니다.

이 책은 그런 제 마음의 기록이자 제가 만난 수많은 마음들의 조각입니다. 전문가로서 해설보다는 마음 깊은 곳에서 건네는 작은 위로가 되기를 바랍니다. 마음에 닿는 이야기로 하루의 틈에 조용히 스며들 수 있기를 기대합니다. 어느 글귀가 당신 마음에 조용히 닿아 잠시 머물 수 있다면 그걸로 충분하겠습니다.

저 역시 흔들리며 살아가는 사람입니다. 고통에서 자유로운 것이 아니라 오히려 고통을 더 가까이 마주합니다. 하지만 그만큼 감정에 귀 기울이는 일이 얼마나 소중한지, 매일 사람들과 만나면서 배웁니다.

"선생님, 저…… 이제는 조금 살아보고 싶어요."

그 한마디가 저를 오래도록 지탱해줍니다.

지금도 저는 여전히 살아가는 중입니다. 완벽하진 않지만 마음을 지키며 하루를 건너고 있습니다. 이 글을 읽는 당신도, 그렇게 살아가고 있으리라 믿습니다. 어느 인생의 페이지에 서 있든, 당신은 이미 충분히 잘 살아내고 있습니다.

이 책이 당신의 하루에 조용한 쉼표 하나를 건네줄 수 있다면 그걸로 충분합니다. 이 책이 세상에서 어떤 날갯짓을 일으킬지 설레는 마음으로 이 말을 전합니다.

당신의 마음을 듣는 누군가가 있습니다.
괜찮습니다.
당신은 소중합니다.

_ 권미주

Contents

추천사 004

프롤로그 자기존중감이 지켜준 하루의 기록 007

Part 1
기분 뒤에 숨은 진짜 감정 들여다보기

1 감정들이 전해주는 '진짜 나'의 이야기 016
2 아주 사소한 마음 처방전 021
3 끝날 것 같지 않아서 불안한 이야기 026
4 그 누구도 아닌 나에게 안기는 시간 032
5 사실은 아무렇지 않은 게 아니야 038
6 화가 난다는 건 힘들다는 고백 043
7 타인의 눈동자 속에 비친 나를 볼 때 048
8 나를 미워하지 않기로 했다 054
9 내가 왜 그러는지 나도 모를 때 060

Part 2
내 감정들은 내가 뭘 원하는지 알고 있다

—

1 무의식이 보내는 메시지	068
2 그 사람이 불편한 건 그 사람 탓일까?	074
3 다정하면서도 낯선, 좋으면서도 미운	080
4 내가 원하는 것이 무엇인지 알려주는 것	086
5 도망쳐도 결국 자신을 마주할 뿐	092
6 치유받지 못한 마음이 보내는 신호	099
7 허전함을 채워줄 그 무언가	106
8 오늘 하루를 버티게 해준 것	116
9 결국은 적절함의 문제	122

Part 3
나 자체로 살아가기 위한 선택

—

1 그렇게 온전한 내가 된다	130
2 '너를 위해서'라는 말의 무게	136
3 늘 돌아갈 곳이 있다는 안도감	141

4 언제든 달려와 붙잡아줄 거라는 믿음 146

5 속박하지 않는 친밀함 153

6 사랑은 결과 없는 과정이다 159

7 기대와 현실의 충돌 166

8 흔들리니까 사람이다 172

9 적절한 좌절 연습 179

Part 4
당신이 할 수 있는 만큼만 하면 된다

1 존재감도 인증이 필요한가? 186

2 완벽주의자인가, 겁쟁이인가? 192

3 신뢰의 온도는 36.5도 198

4 더할 나위 없이 쾌적한 사이 204

5 당신 혼자만으로도 충분하다 210

6 무례함 앞에서 빛나는 우아한 자기주장 215

7 나 자신에게 가장 친절하기 222

Part 5
자기존중감이 회복되는 작고 단단한 시작

---

1 나는 나를 환대합니다 — 230
2 다섯 글자의 마법, '그럴 수 있지' — 235
3 들키고 싶지 않은 내 모습 — 239
4 아무것도 하지 않아도 된다 — 244
5 우리가 살아가는 유일한 시간 — 252
6 내 몸이 전해주는 감정 메시지 — 258
7 나만의 행복 의식 찾기 — 263
8 "잘 지내고 있나요?" — 268
9 경탄의 눈빛으로 나를 바라보기 — 272

슬픔, 분노, 우울과 같은 부정적인 감정을
회피하고 괜찮은 척하면 내 마음은 점점 더 멀어진다.
이런 감정이 들 때일수록
마음을 들여다봐 달라는 신호이다.
단지 기분이 그럴 뿐이라고 외면했던 진실,
내 감정이 들려주는 진짜 이야기에 귀를 기울인다.

Part 1
기분 뒤에 숨은 진짜 감정 들여다보기

1
감정들이 전해주는 '진짜 나'의 이야기

"차라리 가슴이 딱딱해졌으면 좋겠어."

사랑에 실패한 여성이 괴로움을 토로하며 내뱉은 말입니다. 아픈 감정을 느끼고 싶지 않다는 바람을 이렇게 표현한 것입니다. 누구나 한 번쯤은 드라마 속 이 대사와 같은 감정을 품어보았을 겁니다. "이 고통스러운 감정만 없으면 좋겠는데……" 하고 말이지요.

그러나 시간이 지나 돌아보면, 아팠던 순간의 감정들이 오히려 우리를 단단하게 만들어주었고, 그 기억을 통과하면서 우리는 조금씩 성장해왔음을 깨닫게 됩니다.

심리학자 폴 에크만은 감정이 인간의 생존에 핵심적인 역할을 한다고 강조합니다. 기쁨은 우리에게 무엇이 소중하고, 무엇을 원하고 있는지를 알려줍니다. 슬픔은 상실과 아쉬움을 직면할 용기를 주고, 분노는 누군가가 우리의 경계를 침범했음을 알리는 경보 역할을 합니다. 두려움은 위험에 대비하도록 준비시키고, 사랑은 타인과 더 깊이 연결되도록 이끌지요. 결국 감정들은 단지 좋고 나쁜 것이 아니라 우리의 삶이 어디로 향하고 있는지 알려주는 나침반입니다.

그런데 왜 우리는 나침반이 될 수 있는 감정을 따라가기보다 억누르고 느끼지 않으려고 할까요? 그것은 아마 너무 힘들어서 상처받고 싶지 않기 때문일 겁니다. 하지만 감정을 억누르려고 애쓰는 것은 마치 공을 억지로 눌러서 물속에 가라앉히려는 것과 같습니다. 잠시 동안은 억누를 수 있지만, 결국 더 큰 힘으로 공이 튀어 오르듯이 언젠가는 감정도 폭발하게 마련입니다.

프로이트는 억눌린 것은 다른 방식으로 돌아온다고 말했습니다. 감정은 한번 가라앉혔다고 해서 결코 사라지지 않고, 더욱 강력한 모습을 드러냅니다. 더구나 그 뒤에는 우울감, 불안장애, 혹은 신체적 통증과 같은 증상을 동반할 가능성도 큽니다.

나를 더 강하게 만드는 감정

민희 씨는 주변 사람들은 자신을 늘 밝고 명랑하게 본다고 합니다. 하지만 그녀는 예의 바르고 친절해 보이기 위해 자신의 감정을 꾹꾹 눌러왔습니다. 회사에서 상사가 부당한 지적을 해도 화난 얼굴을 절대 드러내지 않고, 억지웃음을 지으며 괜찮은 척했습니다. 그러던 어느 날, 사소한 일로 동료와 말다툼이 벌어지자 그녀는 참아왔던 화를 주체하지 못하고 크게 폭발하고 말았습니다. 그 모습을 지켜본 동료들은 깜짝 놀랐습니다. 평소의 민희 씨와 너무도 다른 모습이었으니까요. 그녀는 몹시 당황하며 털어놓았습니다.

"나는 화 같은 건 내지 않는 사람이라고 생각했는데, 이렇게 나 분노가 쌓여 있었다니요."

감정을 억누르지 않고 있는 그대로 느끼는 것은 우리의 정신건강과 자존감을 지키는 데 매우 중요합니다. 고통스럽고 불편한 감정이라도 잘못된 것이 결코 아닙니다. 슬픔, 두려움, 분노 같은 부정적인 감정도 사실은 우리를 지켜주고 성장의 길로 나아가는 데 꼭 필요한 신호입니다.

감정의 다양한 작동 방식을 생생하게 보여주는 영화가 있습니다. 바로 〈인사이드 아웃(Inside Out)〉이에요. 1편에서 주인공 라일리의 머릿속에는 기쁨(joy), 슬픔(sadness), 두려움(fear), 분노(anger), 혐오(disgust)라는 5가지 감정들이 각각 자기 역할을 수행합니다. 처음에는 기쁨이 슬픔을 무시하거나 통제하려고 애쓰지만, 슬픔을 온전히 수용했을 때야말로 라일리가 상실과 혼란을 극복하고 진정한 안정감을 찾게 됩니다.

2편에서는 라일리가 청소년기에 접어들면서 새로운 감정인 불안, 권태, 질투 등이 등장합니다. 이 감정들은 때로 라일리를 힘들게 하지만, 결국 자신을 솔직하게 드러내고 가족, 친구들과 마음을 나누었을 때 비로소 라일리는 성장해나갑니다.

이 영화가 전하는 메시지는 분명합니다. 모든 감정은 삶의 필수적인 일부이므로 억누르는 것이 아니라 인정하고 함께 살아가는 것이 진정으로 '나'다워지는 길이라는 것입니다.

철학자 니체는 "나를 죽이지 않는 고통은 나를 더욱 강하게 만든다"라고 말했습니다. 단순한 육체적 통증을 넘어서 우리가 일상에서 마주하는 감정적 고통을 말하는 것입니다. 감정을 거부하거나 억제하는 대신 그 감정들과 함께 살아가는 법을 익힐 때 우리는 더욱 온전해집니다.

슬픔이 나에게 찾아올 때

그렇다면 일상에서 어떻게 감정을 인식하고 수용하는 연습을 할 수 있을까요? 가장 간단하면서도 효과적인 방법은 감정일기를 써보는 것입니다. 심리학자 제임스 페네베이커는 감정과 생각을 글로 표현하는 것이 마음의 치유와 정서적 안정을 돕는다는 연구 결과를 제시했습니다.

하루를 돌아보며 기억에 남는 사건을 떠올리고, 그때 느꼈던 감정을 구체적으로 기록합니다. 왜 그런 감정을 느꼈는지, 그 감정이 내 몸에 어떤 반응을 불러일으켰는지, 그 감정에 나는 어떻게 대처했는지를 있는 그대로 적어보세요. 이때 가장 중요한 것은 이 감정이 옳은가, 틀린가를 따지지 않고 그저 나의 마음을 있는 그대로 받아들이는 태도입니다.

꾸준히 감정일기를 쓰다 보면, 자신이 자주 느끼는 감정 패턴과 그 뒤에 숨은 욕구나 욕망을 점차 인식하게 됩니다. 조금이라도 무시당했다고 느낄 때 화를 낸다는 사실을 깨닫게 되면, 이후 비슷한 상황에서 "아, 내가 무시당했다고 느껴서 분노가 튀어오르는구나" 하고 스스로를 돌아볼 수 있습니다. 이처럼 감정은 내면의 목소리를 정확하게 들을 수 있는 통로이며, 그것을 잘 살피고 적절히 표현함으로써 더 건강하고 더 진실한 '나'가 될 수 있습니다.

감정이란, 우리에게 주어진 소중한 선물입니다. 기쁨이나 사랑처럼 좋은 것만 누리고 싶을 때도 있지만, 때로는 슬픔과 분노, 두려움 역시 삶의 선물이 되기도 합니다. 내가 느끼는 모든 감정을 있는 그대로 받아들이고, 나 스스로에게 말해보면 어떨까요?

"나 지금 화가 났어. 그래도 괜찮아."

"오늘 슬픔이 찾아왔네. 그것도 내 감정이야."

감정을 외면하지 않고 껴안아줄 때, 흐릿했던 삶의 방향이 또렷해지고 스스로 더 나아지고 있음을 느끼게 됩니다.

2
아주 사소한 마음 처방전

"뭐라도 해야 하지 않을까?"

주말 오후, 늦은 점심을 먹고 나니 문득 모든 것이 멈춘 듯한 순간이 찾아왔습니다. 초조한 마음이 나를 몰아붙였지만, 몸은 소파에 그대로 붙어 있었습니다. 그 순간, 무기력함이 온몸을 감싸는 듯했죠. 한 주 동안 나를 짓누르던 우울감이 마치 그림자처럼 나를 따라다녔습니다. 그때 친구에게서 문자가 도착했습니다.

"맛난 케이크 먹으러 가자."

그 말 한마디가 정말 반가웠습니다. 진한 커피 한 잔과 함께 달콤한 초콜릿 케이크를 나눠 먹으며, 친구와 수다를 떨고 나니 다음 날은 한결 가볍게 자리에서 일어날 수 있었습니다.

누구나 마음속에 무거운 구름이 드리워지는 듯한 순간이 있습니다. 그 구름은 때론 사랑하는 이를 잃은 슬픔일 수도 있고, 반복되는 일상에서 느끼는 막막함일 수도 있습니다. 어떤 이들에게는 그 구름이 금방 지나가지만, 또 다른 이들에게는 오래 머물기도 합니다. 우리는 그것을 우울이라고 부릅니다. 현대인에게 우울은 마음의 감기처럼 흔하다고도 합니다.

우울이 하고 싶은 진짜 이야기

은영 씨는 30대 중반의 초보 엄마이자 직장에서 인정받는 커리어우먼이었습니다. 육아휴직을 마치고 회사에 복귀하면서 아이를 어린이집에 맡길 수밖에 없는 미안함과 일을 더 잘해야 한다는 부담감이 그녀의 마음을 짓눌렀습니다. 그녀는 점점 무기력해졌고, 공허함에 잠식되었으며, 잠도 제대로 이루지 못했습니다. 몇 달간의 상담을 통해 그녀는 마음을 솔직하게 털어놓기 시작했고, 가벼운 산책과 운동, 감정일기를 쓰면서 조금씩 자신의 일상으로 돌아갔습니다. 그러자 우울의 구름이 그녀에게서 걷히기 시작했습니다.

반면, 이수 씨의 우울은 조금 더 깊었습니다. 30대 후반의 그녀는 직업이 없었고, 일상의 작은 즐거움조차 느끼지 못했습니다. 그녀의 눈은 늘 공허했고, 이유 없이 눈물을 흘리기 일쑤였습니다. 누군가와 함께 있어도 기쁘지 않고, 자신이 초라하고 무가치하게 여겨졌습니다. 그녀의 미래는 늘 절망적이었습니다. 하루 종일 텅 빈 가슴으로 견디고 밤이 되어도 잠을 이루지 못하다 새벽이 되면 이대로 생을 끝내야겠다는 충동과 종종 싸우기도 했습니다.

각자의 성향과 상황에 따라 우울은 다른 모습으로 나타납니다. 은영 씨는 일시적인 우울감을 느꼈다면, 이수 씨는 더 깊은 우울증을 앓고 있었습니다.

세상에는 정답이 없는 의문도 많습니다. 우울도 마찬가지입니다. 프로이트 학파는 우울을 억눌린 분노가 내면으로 향하면서 자신을 파괴하는 것이라고 말합니다. 잃어버린 대상에 대한 슬픔과 사랑을 받지 못하는 상황에서 우울이 생긴다고 보는 것입니다. 정신분석학자 멜라니 클라인은 유아가 심리적으로 성장하는 과정에서 우울한 감정들을 경험하는 단계를 우울적 자리라는 개념으로 제시하며, 상실감이 우울의 중요한 요소라고 합니다.

깊은 우울증에 빠졌던 이수 씨는 어린 시절 부모의 돌봄을 충분히 받지 못해 느꼈던 상실감이 평생을 지배하고 있었습니다. 그녀가 심리적 안정을 되찾기 위해서는 이 상실감과 마주하고 치유하는 시간이 필요합니다.

나를 끌어올려 줄 티라미수 한 스푼

• • •

인지치료에서는 우울의 원인을 왜곡된 생각에서 찾습니다. 인지치료의 창시자 아론 벡은 우울증이 자신, 세상, 미래에 대한 부정적인 생각에서 시작된다고 합니다. 우울한 사람들이 가진 '나는 가치가 없어, 세상은 나에게 적대적이야, 더 이상 희망이 없어' 이런 생각이 우울을 지속시킨다고 말이에요. 현대 뇌과학은 우울이 뇌신경 전달물질(특히 세로토닌, 도파민)의 불균형 때문이라고 말합니다.

예전에는 검은 구름이 나에게 쏟아지는 햇볕을 완전히 가려버린 듯 우울할 때면 나의 무의식이 건네는 이야기를 들으려고 노력했습니다. 무의식 속에 눌러둔 분노와 슬픔을 끄집어내서 마주하는 것이죠. 나의 진짜 감정을 이해하면 우울을 다루기가 한결 수월했습니다.

지금은 우울감이 느껴질 때 산책을 하거나 달리기를 하는 등 일상의 작은 변화를 시도합니다. 나와 세상과 미래에 대해 긍정적인 선언문을 작성해보기도 하고요. 달달한 케이크를 함께 먹으며 친구와 웃고 떠들기도 합니다. 뇌에 긍정적인 새로운 자극을 제공하는 것이지요. 이런 작은 시도들이 우울감을 조금은 다룰 수 있는 감정으로 바꿔줍니다.

때로는 따뜻한 커피 한 잔과 초콜릿 케이크 한 조각이 영혼의 무게를 덜어주기도 합니다. 작은 산책, 깊은 숨결, 타인과의 진심 어린 연결, 이런 소소한 순간들이 구름을 뚫고 우리 마음에 작은 빛을 비춥니다.

어둠은 결국 지나가고, 구름이 걷힌 후에 햇살이 더 빛나게 마련입니다. 그때 쉽게 흔들리지 않는 깊고 단단한 자신을 발견하게 됩니다.

3
끝날 것 같지 않아서 불안한 이야기

한 과학자가 강연에서 지구의 구조를 설명하던 중, 할머니가 지구는 거대한 거북이 등 위에 놓여 있다고 주장합니다. 과학자가 "그 거북이 밑에는 뭐가 있나요?"라고 묻자, 할머니는 "더 큰 거북이가 있지요. 계속 거북이들이 이어져요"라고 답합니다. 존 그린의 소설 《거북이는 언제나 거기에 있어》에 나오는 이야기입니다.

소설의 주인공은 극심한 불안과 강박에 시달리는 소녀입니다. 불안장애를 가진 소녀는 거북이 밑에 또 다른 거북이를 찾는 것처럼 끝없는 불안과 의심의 고리에 빠져 있습니다. 거북이가 끝없이 반복되듯 "어디까지가 끝이지?" 싶을 정도로 불안이 꼬리에 꼬리를 물고 한없이 이어진다는 것을 은유적으로 표현한 이야기입니다.

"가슴이 답답하고 너무 불안해요. 뭔가 잘못될 것만 같아요. 일어나지 않은 일이 머릿속에서 반복되면서 계속 두려움이 밀려와요. 아무리 합리적으로 생각해보려고 해도 불안은 사라지지 않아요."

정아 씨는 지난 한 달 동안 응급실을 세 번이나 갔다 왔다며 지친 표정을 지어 보였습니다. 30대 중반인 그녀는 외국계 회사에 다니고 있었고, 여러 가지 투자를 성공시키면서 마흔이 되기 전까지 경제적 자유를 이루겠다는 목표를 가지고 살아왔습니다. 대학입시, 취업, 경제적 자유에 이르기까지 투자와 노력을 쏟아부으며 마치 허들 경주를 하듯 살아왔습니다.

그러다 몇 달 전, 길거리에서 남루한 차림으로 폐지를 줍는 노인과 부딪힌 이후, 무언가 마음이 힘들어지기 시작했습니다. "이러다 나도 저렇게 힘든 노년을 맞이하는 건 아닐까?"라는 두려움이 커졌습니다. 점점 더 불안감이 커지고 가슴이 답답해지더니 급기야 통증을 느끼고 세 번째 응급실에 실려 간 날, 정신과 상담 권유를 받았습니다.

긴 날숨으로 불안을 내보낼 수 있을까?

불안은 우리에게 위협을 감지하고 그에 대비하라는 메시지를 보내는 중요한 역할을 합니다. 하지만 그 강도가 지나치면 일상마저 잠식해버립니다. 많은 철학자나 심리학자들은 불안을 성장을 위한 원동력이라고 말합니다. 새로운 도전이나 변화 앞에서 불안감이 드는 건 자연스러운 현상이고, 그 불안을 어떻게 다루느냐에 따라 결과가 달라진다는 것이죠. 하지만 자칫 작은 문제에도 큰 두려움을 느끼고, 일어나지 않은 일에 대해 끝없는 걱정에 사로잡힐 수 있습니다. 불안이라는 감정이 위험 신호를 알리는 본래의 목적 이상으로 확대되어, 우리 삶의 방향키를 통째로 쥐고 흔든다면 그야말로 삶 자체가 위험해집니다.

"이렇게 불안해하는 건 너무 나약해서일까요?"라고 묻는 정아 씨의 목소리에는 자신을 탓하는 감정이 가득 담겨 있었습니다. 하지만 불안 자체는 결코 이상하거나 나쁜 것이 아닙니다. 문제는 우리가 그 불안을 어떻게 다루느냐에 있지요. 작은 실수조차 큰 실패로 이어질 것 같은 두려움, 미래에 대한 막연한 공포, 모든 것을 어떻게든 통제해야 한다는 강박 속에서 너무 오랜 시간 동안 불안이라는 감정이 점점 더 그녀의 마음을 갉아먹고 있었습니다. 중요한 것은 불안을 없애려고 애쓰는 대신, 그 불안을 있는 그대로 인식하고 대처하는 것입니다.

정아 씨가 먼저 시도한 건 호흡 연습이었습니다. 호흡은 간단하지만 매우 강력한 효과를 가지고 있습니다. 불안할 때 활성화되는 자율신경계를 진정시키는 데 도움을 주니까요. '숨을 깊이 들이마시고 천천히 내쉰다'는 단순한 동작이지만, 빠르게 뛸 준비가 된 몸(교감신경)을 "괜찮아, 지금은 안전해"라고 안심시키는 강력한 신호가 됩니다.

점진적 근육 이완법도 도움이 됩니다. 몸의 각 부위를 차례로 긴장시키고 이완함으로써, 우리 몸과 마음의 연결을 회복하는 기법입니다. 예를 들어 발부터 시작해 다리, 허리, 어깨, 목, 그리고 얼굴까지 각 근육을 한 번씩 긴장시키고 천천히 풀어줍니다. 그러면 몸의 긴장이 자연스럽게 풀리고, 불안한 마음도 가라앉습니다.

먼저 신경계를 안정시킨 후 경제적 자유를 이루지 못할까 봐 걱정하고 불안하게 만드는 것이 무엇인지를 이해하고 해소하는 과정을 거쳤습니다. 몇 달 뒤 그녀는 말했습니다.

"불안이 완전히 사라지진 않았지만, 이제는 그 불안을 어떻게 다룰지 알 것 같아요. 불안이 찾아와도 예전처럼 휘둘리지 않게 되었어요."

불안은 잠재우지 말고 그 위에 올라타는 것
・・・

저 역시 자주 불안을 느낍니다. 불안에 대한 저항으로 찾고 있는 저의 거북이는 '삶이 안정되고 여유로워지면'이라는 조건입니다. "그러면 나는 일주일에 절반만 일하고, 월세, 전세 걱정 없이 강아지를 안전하게 키울 수 있는 조그만 마당이 있는 집을 가질 것이다. 1년에 한 번쯤은 외국 어딘가에서 한가로이 한 달살이를 하고, 넉넉하고 여유 있게 친구와 지인들에게 무언가를 나눠주는 삶을 살 수 있을 것이다."

이런 기대를 품었다가도 속물 같다는 생각에 억압하고 저항하려던 순간, 나의 불안이 드러났습니다. 불안의 정체를 알아차리니 홀가분하고, 욕망을 가져도 된다고 허락하니 편안했습니다. 그 욕망을 이루지 못할 것 같은 불안이 밀려올 때도 압도당하지 않을 수 있었습니다.

이제 불안이 올라올 때는 깊은 호흡을 하고, 몸을 이완시키고, 거북이 밑에 거북이 찾기를 의식적으로 멈춥니다. 불안을 없앨 수는 없습니다. 우리는 모두 불안을 견디며 살아가는 존재입니다.

불안은 우리가 두려움을 마주할 때 일어나는 작은 파도와 같습니다. 그것을 피하려 하지 않고, 그 위에 올라타 균형을 잡는 법을 배워보는 건 어떨까요?

불안은 때로 '내가 정말 소중히 여기는 건 뭐지?'라는 질문을 던지기도 합니다. 경제적 안정을 간절히 원한다면, 그것이 나에게는 중요한 가치라는 뜻입니다. 그렇다면 그 목표를 이루기 위해 현실적인 방법으로 차근차근 준비하거나, 적절한 관계와 안전장치를 마련하는 쪽으로 한 걸음씩 나아갈 수 있습니다. 불안이 올라올 때 잠시 멈춰 호흡하고, "나는 무엇을 두려워하는가?"라고 적어보는 것만으로도 마음이 한결 정돈되는 경험을 할 수 있습니다.

불안은 종종 우리가 정말 소중히 여기는 것에 대해 이야기합니다. 삶은 불안의 파도가 끊임없이 밀려오는 바다와 같습니다. 그 파도를 피하려 할 때, 우리는 오히려 더 큰 소용돌이에 휩쓸립니다. 하지만 그 파도 위에 올라타고 균형 잡는 법을 배울 때, 우리는 비로소 진정한 자유를 만납니다. 당신만의 우아한 서핑을 시작해보세요.

4
그 누구도 아닌
나에게
안기는 시간

친구와 함께 살다 서로 독립하기로 하면서 햇볕 좋은 봄날 이사하게 되었습니다. 분주히 이사하고 미처 다 정리하지 못한 채 작은 식탁, 전등 밑에 앉았습니다. TV도 라디오도 스마트폰도 없었습니다. 침묵이 한없이 흐르자 '외롭다' 싶었습니다.

다음 날, 날씨도 좋은 휴일이었는데 왜인지는 모르겠으나 약속 하나 없이 넓지도 않은 집 안을 느릿느릿 왔다 갔다 하며 느낀 감정도 '외롭다'였습니다.

살면서 느끼는 수많은 감정 중에 당혹스러운 감정이 하나 있다면, 그건 외로움이 아닐까 합니다. 왜냐하면 전혀 외로울 상황이 아닌데도 소리 소문 없이 불쑥 찾아오니까요. 혼자 살게 되었을 때 느꼈던 외로움이 비교적 익숙하다면, 미영 씨가 느낀 외로움은 스스로도 이해하기 어려웠습니다.

학교 선생님인 미영 씨는 고등학생 아들이 있고, 남편은 회사 일로 바쁘지만 중요한 기념일 정도는 기억해주는 사람이었습니다. 직장에서 인간관계도 나쁘지 않고, 가끔 만나는 친구들 모임도 있습니다. 그런데 올해 마흔이 넘어서면서부터 미영 씨는 문득문득 외롭다고 느꼈습니다. 남편과 아들과 잘 지내고 있는데도 내 옆에 아무도 없는 것 같았습니다. 무슨 말을 하고 싶어도 누구에게 해야 할지 몰라 핸드폰 연락처만 뒤적이다 덮고 맙니다.

"그냥 우주에 혼자 떠 있는 섬 같아요."

애써 희미한 미소를 짓는 미영 씨의 모습은 정말 외롭고 슬퍼 보였습니다.

혼자가 아닌데 아무도 없는 것 같을 때

외로움은 타인과 연결되어 있지 못하다고 느낄 때 떠오르는 감정입니다. 이사한 날 저녁, 아무 소리도 들리지 않는 집에 혼자 우두커니 앉아서 세상과 동떨어진 듯 느꼈던 그 감정입니다. 하지만 외로움은 꼭 혼자 있을 때만 느끼는 감정은 아닙니다. 타인과 함께 있을 때도 외로움을 느낄 수 있습니다. 감정적으로 고립되었다고 생각할 때, 감정을 공유하지 못할 때도 외로움에 사로잡힐 수 있습니다.

미영 씨는 가족도, 친구도 있었지만 마음 깊은 곳에서는 늘 자신이 혼자라고 느꼈습니다. 미영 씨는 말했습니다.

"이상하게 들릴지 모르지만, 저는 언제나 외로웠어요. 남편과 아이 덕분에 위로가 될 때도 있지만, 돌아보면 꽤 오랫동안 외로워했던 것 같아요. 드러내고 싶지 않았을 뿐이죠."

그러고는 덧붙였습니다.

"얼마 전에 철사 원숭이 실험 영상을 봤어요."

미국의 심리학자 해리 할로가 진행한 유명한 심리학 실험입니다. 그는 태어난 지 얼마 되지 않은 새끼 원숭이들 앞에 먹이를 주는 철사 인형과 먹이를 주지는 않지만 포근하고 따뜻한 천 인형을 두었습니다. 새끼 원숭이가 어떤 인형을 선택하는지 살펴본 거죠. 새끼 원숭이는 먹이를 주지 않지만 따뜻한 천 인형과 더 오랜 시간을 보냈습니다. 이것을 애착 실험이라고도 하는데, 따뜻한 정서적 접촉이 생존에 중요한 요소임을 보여줍니다.

어린 시절에 자신의 양육자와 따뜻하고 충분한 정서적 접촉과 유대관계를 맺으면 인간의 내면은 풍성해지지만, 그것이 없으면 결핍을 경험할 수밖에 없습니다. 이러한 결핍이 외로움입니다. 사람들에게 둘러싸여 있고, 외부활동도 하고 있지만 내면의 자신은 어떤 타인과도, 심지어 자신과도 연결되어 있지 않다고 느낍니다.

미국의 정신분석학자 하인츠 코헛은 자기대상이 필요하다고 말합니다. 자기대상은 개인이 자기를 유지하고 성장하기 위해 중요한 타자를 의미합니다. 어린 시절 우리는 부모와 보호자를 통해 안정감을 느끼고, 그들을 통해 우리의 감정을 이해하고 인정받으며 자아를 형성해갑니다. 자기대상이 결핍되거나 적절하게 기능하지 못하면 우리는 외로움을 느낄 수 있습니다. 부드러운 천으로 만든 인형이 새끼 원숭이에게 좋은 자기대상인 것입니다.

어린 시절 미영 씨의 어머니는 너무나 바빴습니다. "마치 엄마가 철사 인형 같았어요." 성취욕이 강하고 규칙을 중요시했던 어머니는 미영 씨에게 외적으로 필요한 것들을 많이 주었습니다. 하지만 미영 씨의 내면은 늘 외롭고 자신과도 타인과도 연결되지 못했습니다.

"이제 알았어요. 내가 엄마에게 바랐던 건 그냥 따뜻한 눈빛으로 조건 없이 나를 안아주는 것이었어요."

이런 경험을 하지 못했으니 남편과 아들이 곁에 있어도 그녀의 마음은 늘 허전하고 외로웠습니다.

직장과 가정 모두 안정적인데도 문득 찾아오는 외로움을 느끼는 사람들이 많습니다. 한 아이의 엄마로서 바쁜 하루를 보내다 아이가 잠들고 갑자기 텅 빈 집 안을 마주할 때, 또 다른 유형의 외로움이 찾아올 수 있습니다. 사람들과 함께 있지만 정작 내 감정은 아무에게도 말하지 못할 때, 그 고립감은 외로움으로 다가옵니다.

나에게는 내가 있어서 다행이다

• • •

철학자 폴 틸리히는 혼자 있는 고통은 외로움이고, 혼자 있는 즐거움은 고독이라고 했습니다. 정신분석학자 해리 설리번은 관계로부터 격리된 부정적인 상태를 외로움으로, 스스로 선택한 긍정적인 상태를 고독으로 구분했습니다. 혼자 있는 시간이 전혀 없는 사람도 내면적으로 외로울 수 있고, 반대로 혼자 사는 사람도 내면은 풍요로울 수 있습니다. 중요한 것은 나 자신과 연결되어 있는가 하는 점입니다.

고독은 내가 나를 돌보는 새로운 방식입니다. 부모님과 배우자, 친구에게서 받지 못한 조건 없는 따뜻함을 내가 나에게 건네는 연습을 통해 스스로 자기대상이 되어줄 수 있습니다. "괜찮아, 힘들었지?" "오늘도 수고했어"라고 자신에게 말을 건네보세요. 낯설게 들리겠지만, 짧은 시간이라도 휴대폰 알림을 꺼두고 나만의 공간에서 생각이나 감정을 자유롭게 느껴봅니다.

외로움을 고립이 아니라, 나를 돌보는 고독으로 바꾸는 것입니다. 정말 필요할 때 누군가에게 연락해서 솔직히 나 조금 외롭다고 털어놓을 수도 있습니다. 누군가와 대화를 나누기 어렵다면, 감정일기나 마음챙김으로 자신의 감정을 정리해보세요. 고독한 상태에서 내 목소리를 차분히 듣고, 스스로를 따뜻하게 품어줄 수 있다면 외로움은 쉽게 나를 집어삼키지 못합니다. 혼자 있어도 스스로 내 편이 되어주고, 좀 더 충만한 마음으로 사람들과 관계를 맺게 되지요.

외로움은 숙명처럼 우리 곁을 맴돕니다. 완전히 사라지게 할 수는 없지만, 그것을 두려워할 필요도 없습니다. 어쩌면 외로움은 나에게 건네는 초대장일지도 모릅니다. 더 깊은 자기 자신과의 만남으로, 더 진실된 연결을 향한 여정으로 말이에요.

5
사실은
아무렇지 않은 게
아니야

"여기 알약 한 알이 있습니다. 이 알약은 당신의 모든 슬픔을 사라지게 해줄 것입니다. 이 알약을 드시겠습니까?"

당신이라면 어떻게 하고 싶은가요? 고통스러운 기억이 순간순간 나를 짓누를 때 단 한 알로 잊어버릴 수 있다면 참 편리하겠죠.

최근에 어떤 일로 슬픔을 느끼셨나요? 사랑하는 사람이나 반려동물과 영원한 이별을 했을 수도 있고, 사업이나 취업 실패로 인한 고통도 있습니다. 사회적으로는 이태원 참사, 세월호 등과 같은 사건들을 보고 슬픔과 분노를 느끼죠. 슬픔은 가장 무겁고 다루기 어려운 감정 중 하나입니다. 그렇기에 많은 이들이 슬픔을 피하거나 억누르려 하고, 조금이라도 빨리 슬픔에서 벗어나고 싶어 합니다. 슬픔을 단숨에 없애줄 알약이 있다면 당장 먹고 싶을 정도이죠.

하지만 슬픔은 단순히 없애야 할 감정이 아닙니다. 슬픔도 우리 마음속에서 중요한 메시지를 전달하며, 때로는 성장과 치유의 기회를 줍니다. 슬픔을 극복하고 나면 나 자신을 더 깊이 이해하고 사랑하며 성숙하게 되니까요. 슬픔을 억누르려고 하다 보면 오히려 감정이 더 복잡해집니다. 고통은 느끼지 않으려 할수록 더 강렬해지고, 슬픔은 외면하려고 할수록 더 큰 무게로 다가옵니다. 그러므로 슬픔을 회피하지 않고 마주하는 것에서 시작해야 합니다.

하버드대학교 의학전문대학원의 심리학자 수전 데이비드는 테드(TED) 강연에서 내면세계를 어떻게 대하느냐에 따라 어려운 시기를 버틸 힘이 생긴다는 감정적 포용에 대해 말했습니다. 남아프리카공화국 출신인 그녀는 열다섯 살에 아버지를 암으로 잃고도 겉으로는 아무렇지 않은 것처럼 살아왔다고 합니다. 누가 괜찮냐고 물으면 인내의 달인이라도 되는 듯 강해 보이려고 '오케이'라고 대답했습니다. 그러나 가슴속에는 용광로처럼 끓는 감정의 화로가 있었습니다.

슬퍼도 '아임 오케이(I'm OK)'

• • •

수애 씨는 열 살에 어머니를 잃었습니다. 지금 40대 후반인 그녀는 당시에 갓난쟁이 막내까지 동생이 셋이나 있었습니다. 어머니가 돌아가셨다는 것이 무엇을 의미하는지도 모른 채 어린 그녀는 동생들의 엄마가 되어야 했습니다. 그래도 잘 살아왔다고 스스로 말했습니다. 좋은 아버지와 할머니도 있었으니까요.

씩씩하게 살아온 그녀는 자신이 너무 자주 화를 낸다며 고민을 털어놓았습니다. 그러나 알고 보니 그녀는 화를 내는 것이 아니라 슬픔을 표현하는 것이었죠. 그녀의 마음속 밑바닥에는 어머니를 떠나보낸 슬픔이 묻혀 있었습니다. 제대로 한 번 울어보지도, 소리쳐 보지도 못한 채 30년 넘게 살았습니다.

여성 심리학자 미리암 그린스팬은 《감정 공부》에서 말했습니다.

"우리가 슬픔을 선택한 것이 아니다. 슬픔이 우리를 선택한 것이다. 그러나 그것을 어떻게 대할 것인가는 우리에게 선택권이 있다."

슬픔은 어떤 이유와 어떤 경로에서든 우리에게 찾아올 수 있습니다. 그럴 때 어떻게 하면 좋을까요? 수애 씨처럼 눈물을 쏟는 것 또한 하나의 치유입니다. 약한 모습을 보이고 싶지 않다는 이유로 눈물을 꾹 참는 사람들이 있습니다. 하지만 눈물을 흘리는 것은 약한 것도 아니고, 내 감정을 조절하지 못해서 스스로에게 지는 것도 아닙니다.

눈물은 우리 몸과 마음이 슬픔을 해소하고 치유하는 자연스러운 방식 중 하나입니다. 울음은 스트레스 호르몬인 코르티솔을 감소시키고, 정서적인 해방을 가져다주는 효과가 있습니다. 눈물을 흘리면 마음속에 쌓인 부정적인 감정을 배출하고 마음의 균형을 회복할 수 있습니다.

마음껏 슬퍼할 수 없는 이유

"외로워도 슬퍼도 나는 안 울어. 참고 참고 또 참지 울긴 왜 울어"라는 〈캔디〉의 노랫말처럼 우리는 울지 않는 게 긍정적인 삶의 태도라고 배워왔는지도 모릅니다.

캔디처럼 매사에 밝고 긍정적이고 유쾌해서 저를 자주 웃게 해주었던 제자가 있습니다. 어느 늦은 밤, 제자는 무작정 저의 집에 찾아왔습니다. 그러고는 1시간 내내 따뜻한 차 한 잔을 손에 쥐고는 아무 말 없이 눈물만 흘렸습니다. 저는 아무 말도 하지 않고 가만히 그 앞에 앉아 있었습니다. 한참을 울고 나서 제자는 "고맙습니다. 제 슬픔을 같이해주셔서"라고 말했습니다. 눈물을 흘리는 자신의 곁에 있어준 것만으로 위로가 되었나 봅니다.

슬픔을 단숨에 없애줄 마법의 알약 대신, 우리에게 필요한 것은 그 감정을 온전히 흐르게 할 용기입니다. 눈물은 우리 영혼의 정화수이자, 내면에 쌓인 무거운 짐을 덜어줄 선물입니다. 깊은 슬픔의 순간에 곁을 지켜주는 단 한 사람의 따스한 침묵은 그 어떤 말보다 큰 위안이 됩니다. 수애 씨가 30년 만에 내뱉은 '엄마'라는 한마디와 눈물처럼, 우리의 슬픔도 제때 흐르지 못하면 분노라는 탈을 쓰고 나타납니다.

슬픔은 우리를 약하게 만드는 것이 아니라, 오히려 더 깊은 공감과 연결을 선물합니다. 그것이 우리를 더 인간답게 만들고, 더 따뜻한 손길로 타인의 아픔에 다가갈 수 있습니다.

당신의 슬픔을 밀어내려고 애쓰지 마세요. 그저 그 감정이 당신의 가슴을 지나 흐르도록 허락하면, 어느새 눈물 자국 위로 새로운 희망의 새싹이 돋아날 것입니다. 슬픔도 사랑처럼, 우리가 온전히 살아 있음을 증명하는 소중한 증거이니까요.

6
화가 난다는 건 힘들다는 고백

미국 듀크대학교 메디컬센터의 정신의학 교수 레드포드 윌리엄스는 〈분노 감정, 지나치게 뜨겁다면?〉(정신의학신문)이라는 칼럼에서 '분노가 심한 사람의 7가지 특징'을 제시했습니다.

1 사소한 일에도 쉽게 화를 냄
2 대화 중 참을성이 부족함
3 불평불만이 많음
4 복수심과 원한이 강함
5 신체적으로도 반응함(고혈압, 심장 문제 등)
6 예민함(타인의 말에 지나치게 상처받음)
7 냉정하고 공감이 부족함

정말 작은 일에도 화가 치밀어 올라 스스로도 놀랄 때가 있습니다. 반대로 "나는 화 같은 거 안 내!"라고 하지만, 무기력이나 신체 증상과 같은 방식으로 나타나는 사람도 있습니다. 분노는 단순히 '화를 낸다'로 규정할 수 없는 인간의 매우 강렬한 감정입니다.

분노를 느낄 때 우리 몸은 즉각 투쟁-도피 모드에 들어갑니다. 전투태세를 갖추느라 심장이 빨라지고 혈압이 올라가지요. 이것은 실제 위험이 닥쳤을 때 유용한 생존 반응입니다. 문제는 이러한 반응이 직장 상사의 부당한 평가, 배우자의 무심한 말과 같은 일상적인 갈등에서도 과도하게 활성화될 때입니다. 그 결과 갑자기 분노가 폭발하거나, 아니면 꾹꾹 누르다 스트레스가 쌓입니다.

두려움이 방향을 잃었을 때

• • •

분노는 나쁜 감정이 아니라 우리의 몸과 마음이 보내는 경고등이라는 점을 기억하세요. "이건 부당해!" "내가 침해당하고 있어!"라는 메시지를 보내며, 자아와 경계를 지키려는 본능적인 감정입니다. 문제는 이러한 경고 신호가 지나치게 예민해지거나 오작동할 때 발생합니다. 지나가야 할 상황에서 멈춤 신호를 보내거나, 멈춰야 할 상황에서 진행 신호를 보내는 고장 난 신호등처럼 작동하는 것입니다. 따라서 분노를 단순히 억누르거나 터뜨리는 대신 그 안에 담긴 메시지를 들여다봐야 합니다.

사소한 말투나 태도에 곧장 반응해서 욱하는 사람들이 있습니다. 스스로 조절하지 못하고 몸은 전투태세에 돌입합니다. 분노는 무엇보다 대인관계에 악영향을 미칩니다. 반대로 화를 억누르는 사람도 있습니다. 화가 나는 상황에서 울음을 터뜨리거나, 아무렇지 않은 척 지내다가 나중에 우울이나 불안감에 빠지기도 합니다. 어린 시절 "화를 내면 못된 아이야"라는 말을 자주 들은 사람들은, 화를 안전하게 표출할 경로를 찾지 못해 억눌린 분노를 몸에 쌓아둡니다.

분노의 뒤에는 대개 슬픔, 두려움, 억울함이 깔려 있습니다. 지선 씨는 최근 부서 변경과 상사와의 갈등으로 스트레스를 받고 있었습니다. 상사는 업무에 대해 냉정하게 평가하는 사람이었습니다. 지선 씨는 열심히 노력해도 인정받지 못한다는 생각에 점점 스트레스가 쌓이자 남편과 아이들에게도 자주 짜증을 냈습니다.

지선 씨는 자신이 그저 성격이 예민해서 화를 잘 낸다고 생각했습니다. 하지만 그녀는 자신의 분노가 억눌린 슬픔과 두려움에서 비롯된 것임을 깨달았습니다. 직장에서 인정받지 못한 슬픔이 분노로 표출된 것입니다.

분노는 때론 내가 더 소중하게 여기는 무언가를 지키고 싶다는 절규일 수도 있습니다. 반면 분노를 느끼지 않는다고 말하는 사람은, 그 뒤에 숨은 억울함과 슬픔을 전혀 인지하지 못하는 것입니다. 분노를 억누르거나 폭발시키지 않고, 그 경고 메시지가 왜 울렸는지를 들여다봐야 합니다.

말 못 할 감정들의 집합체

화를 내기 전에 미세하게 올라오는 슬픔, 두려움, 혹은 인정받고 싶은 욕구 등 일차적인 감정을 느껴보세요. "오늘 상사에게 칭찬받지 못해 서운했어", "나를 무시하는 것 같아 화가 났어"처럼 구체적으로 표현해보면, 욱하는 분노를 줄일 수 있습니다. 화내는 자신을 자책하지 마세요. "왜 화가 났지?"라고 자신을 돌아보는 태도가 더 중요합니다. 그래야 다음에 비슷한 상황에 맞닥뜨렸을 때 스스로를 조절하기가 쉬워집니다. 화가 날 때는 몸이 먼저 달아오르므로, 천천히 깊게 숨을 들이마시고 내쉬거나(심호흡), 근육 이완을 통해 긴장을 풀어보세요.

지선 씨는 분노를 억누르거나 폭발시키는 대신 상대방에게 차분히 자신의 감정을 전달할 수 있게 되었습니다. 그녀는 이제 상사의 피드백을 받아들이는 동시에 자신이 느끼는 불만을 침착하게 표현할 수 있습니다. 집에서도 가족들에게 짜증을 내기보다는 힘든 감정을 솔직히 털어놓으며 대화로 풀어나가려고 합니다. 지선 씨는 관계에서 더 많은 안정감과 만족을 느끼게 되었고, 자기감정을 더 잘 이해하고 조절할 수 있다는 자신감도 얻었습니다.

분노의 열기 아래에는 상처받은 마음이 숨어 있습니다. 지선 씨처럼 분노는 종종 인정받고 싶은 갈망, 억울함, 두려움의 다른 이름입니다. 분노가 치밀어 오를 때, 그것은 적이 아닌 내면의 충실한 파수꾼이 보내는 신호임을 기억하세요. "이건 부당해!", "내 경계가 침범당했어!"라고 외치는 영혼의 목소리입니다.

분노의 불꽃을 무작정 억누르거나 폭발시키는 대신, 그 불빛 아래 숨겨진 내면의 풍경을 바라보세요. 그러면 우리는 분노의 파도 위에서도 중심을 잃지 않을 수 있습니다. 분노와 친구가 되어갈 때, 그 뜨거운 불꽃은 우리를 태우는 대신 어둠 속에서 길을 밝히는 등불이 될 것입니다. 분노는 자신이 얼마나 열정적으로 살아가고 있는지, 무엇을 소중히 여기는지 보여주는 마음의 나침반입니다.

7
타인의 눈동자 속에 비친 나를 볼 때

　세상은 때로 우리의 마음을 투명하게 비추는 거울이 됩니다. 그 거울 속에 비친 나를 볼 때, 우리는 종종 수치심이라는 감정에 휩싸입니다. 남들 앞에 나의 부족한 모습을 드러내고 싶지 않아서, 속마음을 솔직히 표현할 용기가 나지 않아서, 나도 모르게 한 걸음 물러섭니다. 수치심은 우리 마음 깊숙한 곳에서 느끼는 가장 연약한 감정일지도 모릅니다. 그러나 그 연약함을 허용하는 것이야말로, 진정한 자기 사랑의 시작입니다.

　프로이트는 인간의 마음을 원초아, 자아, 초자아로 나눴습니다. 초자아는 부모, 사회, 문화의 규범과 도덕을 내면화한 부분으로, 우리가 그 규범에 미치지 못한다고 여겨질 때 죄책감을 느낍니다. 수치심은 외부로부터 주어지기도 하지만, 사실은 우리의 내면에서 울리는 경고음입니다. "너는 이 정도밖에 안 돼?", "이런 모습을 보이면 사랑받지 못할 거야." 초자아가 채찍을 휘두를수록 우리는 점점 더 위축되고 자신을 감추려 합니다. 마치 어린아이가 잘못을 저지르고 혼날까 봐 몸을 숨기는 것처럼 말이죠.

프로이트 이후 정신분석을 확장시킨 하인츠 코헛은 수치심이 단지 잘못에 대한 죄의식만은 아니라고 보았습니다. 수치심은 나의 연약함이 무방비로 노출되었을 때, 내가 남들에게 미치지 못한다고 느낄 때 더 강렬하게 경험하는 감정이라는 것입니다.

코헛은 인간이 건강한 자아를 형성하기 위해서는 거울 대상이 필요하다고 강조했습니다. "너는 괜찮아. 부족해도 사랑받을 자격이 있어"라고 부드럽게 말해주는 거울 대상이 있을 때, 우리는 연약함을 조금 더 편안히 드러낼 수 있습니다. 부모나 중요한 타인이 내 감정을 공감하고 인정해줄 때 생기는 안정감입니다. 그러나 이 과정이 어긋나거나 공감이 부족하다면, 스스로를 있는 그대로 받아들이는 경험을 충분히 하지 못합니다. 그러면 나는 왜 이렇게 불완전할까라는 의문이 커지고, 그때마다 수치심이 고개를 듭니다.

들키고 싶지 않은 마음 한 조각

· · ·

수치심은 아주 일상적인 순간에도 다가옵니다. 예를 들어 모임에서 조용히 앉아 있는데 누군가 나에게 말을 걸어왔을 때, 갑자기 얼굴이 붉어지며 당황한 적이 있을 것입니다. 아마도 사람들이 나를 어떻게 볼지 걱정되면서 갑자기 긴장했기 때문이겠지요. 타인의 평가를 신경 쓰다 보면, 그 시선이 나를 비추는 거울이 되어 내 결점을 더욱 또렷하게 드러내는 것만 같습니다. 그래서 우리는 부족한 부분을 감추려고 애씁니다.

인간관계에서도 수치심은 자주 모습을 드러냅니다. 누군가에게 잘 보이고 싶어서 스스로를 조금 과장하거나, 내 이야기를 부풀려서 말해본 적이 있지 않나요? 사실과 다르게 자신을 꾸미는 것은 결국 자신을 있는 그대로 받아들이지 못하기 때문입니다. 타인에게 인정받고 싶은 욕구와 인정받지 못할까 봐 두려운 감정이 얽혀 있는 것입니다. 연약하고 부족한 모습으로는 사랑받을 수 없을 것만 같아 애써 더 멋진 모습을 보이려고 하죠.

직장에서 실수했을 때를 떠올려볼까요? 실수 자체보다 다른 사람에게 자기의 실수를 들켰을 때 수치심을 느낍니다. 나의 미숙함이 드러나 다른 사람들이 실망하거나 무시할까 봐 두려워서 실수를 숨기거나 변명합니다.

30대 초반의 민정 씨는 직장에서 늘 유능한 사람으로 인정받고 싶어 했습니다. 상사의 지시를 거절하지 못하고 업무를 과도하게 떠맡다 보니 실수도 잦아지면서 스트레스가 커졌지요. 그러다 한번은 큰 실수를 하고는 상사와 동료들이 비난할까 봐 두려워 전전긍긍했습니다.

"실수는 누구나 할 수 있잖아요. 그런데 왜 이렇게 부끄럽고 창피할까요?"

그녀는 울음을 터뜨렸습니다. 강해야 한다고 믿는 자아상과, 실제로는 불안정하고 실수가 잦은 현실 사이의 괴리가 컸던 겁니다. 민정 씨는 부모님으로부터 넌 착하고 똑똑한 아이여야 한다는 칭찬과 기대를 많이 받으며 자랐다는 사실을 떠올렸습니다. 그 기대에 조금이라도 못 미칠까 봐 두려웠다는 것을 깨닫게 되었지요.

"처음에는 제 실수가 부끄러워서 아무 말도 하지 못했는데, 막상 동료들에게 솔직하게 털어놓으니 '괜찮아. 나도 그런 적 많아'라고 얘기해줬어요. 그 순간 저도 누군가에게 공감받을 수 있다는 느낌이 들었어요."

있는 그대로 바라봐주길 바라

• • •

영화 〈빌리 엘리어트〉가 떠오릅니다. 1980년대 영국 탄광촌에서 자란 빌리는 강한 남자가 돼라는 아버지의 권유에 못 이겨 껴야만 했던 무거운 권투 글러브를 내려놓고 발레를 선택합니다. 하지만 그는 가족과 주위 사람들의 기대에 맞지 않은 자신의 선택을 숨깁니다. 그는 자꾸만 위축되었고, 자신의 꿈을 부정했습니다. 하지만 빌리는 결국 자신을 억누르던 수치심을 극복하고 무대 위에서 자유롭게 춤추며 자신의 진정한 모습을 드러냅니다. 그는 이렇게 말합니다.

"춤을 출 때면 그냥 자유롭고, 모든 걸 잊게 돼."

빌리의 춤은 자신의 연약함과 갈등을 직면하고, 자유롭게 날아오르는 통로가 되었습니다. 하인츠 코헛의 거울 대상이 중요한 이유는, 누군가 우리의 진정한 모습을 있는 그대로 바라봐주고 공감해줄 때 비로소 스스로를 받아들이고 사랑할 수 있기 때문입니다. 빌리에게는 그의 재능을 알아봐 준 발레 선생님이 있었습니다.

우리 모두는 연약한 존재입니다. 인간은 태생적으로 불완전하고, 그 불완전함을 마주할 때마다 수치심을 느낍니다. 그러나 불완전함 속에서 다른 이들과 더 깊이 연결될 수 있습니다. 서로의 연약함을 인정하고 공감과 사랑을 나눌 때 비로소 진정한 자신으로 설 수 있습니다.

"당신의 약한 모습을 감추려고 애쓰는 이유는 무엇인가요? 그 약함을 누군가에게 보여주는 것이 꼭 나쁜 일일까요?"

심리학자 브레네 브라운은 수치심은 나에게 본질적으로 결함이 있어서 타인에게 사랑받거나 소속될 자격이 없다고 믿는 감정이라고 말합니다. 우리가 진정으로 자유로워지기 위해서는 이 믿음을 깨뜨리고, 자신의 연약함을 용기 있게 드러내야 한다고 강조합니다.

"나는 부족하고 때론 실수도 하지만 여전히 사랑받을 가치가 있어"라고 스스로에게 말해주는 것부터 시작입니다. 프로이트가 말한 초자아의 비난을 그대로 따르는 것이 아니라 코헛의 말처럼 나 자신을 있는 그대로 받아들일 수 있는 내면의 거울 대상을 키워보는 것이지요. 작은 실패나 실수를 공개적으로 인정하면 어떨까요? 때로는 "나 사실 이런 부분이 두려워"라고 말했을 때, 뜻밖에 "나도 그래"라는 공감의 말을 들을 수도 있습니다.

8

**나를
미워하지
않기로 했다**

"제가 그 전화를 받았다면 동생을 살릴 수 있었을 텐데, 결국 제가 동생을 죽인 거예요."

온유 씨는 이렇게 말하며 오열했습니다. 우울증을 앓던 동생이 세상을 떠난 날, 그녀는 중요한 회의 중이라 마지막 전화를 받지 못했습니다. 그 순간의 부재 중 전화가 그녀의 마음속에 끝없는 자책과 죄책감으로 남았고, 몇 년간 제대로 잠을 이루지 못했습니다. 동생을 구하지 못했다는 고통스러운 기억이 그녀의 내면에서 끊임없이 재생되며, 프로이트가 말한 초자아의 냉혹한 심판을 받은 것입니다.

프로이트에 따르면, 초자아는 우리의 도덕적 판단을 관장하는 정신 구조로, 부모와 사회의 가치관을 내면화한 엄격한 검열관입니다. "그때 왜 그랬을까?" "조금만 더 신경 썼더라면" 하고 자신을 단죄하는 것은 초자아의 목소리입니다. 때로는 우리의 이상과 원칙을 지키는 버팀목이 되지만, 지나치게 엄격하면 죄책감이라는 무거운 짐으로 변해 우리의 영혼을 짓누릅니다.

도스토옙스키의 소설 《죄와 벌》을 떠올려봅니다. 주인공 라스콜니코프는 노파를 살해한 후 극심한 죄책감에 시달립니다. 그는 자신의 행위를 정당화하려 했지만, 그의 영혼은 이를 용납하지 않았죠. 밤마다 악몽에 시달리고, 현실과 환상을 구분하지 못한 채 거리를 헤매는 그의 모습은, 죄책감이 한 인간의 영혼을 어떻게 무너뜨릴 수 있는지를 적나라하게 보여줍니다. 라스콜니코프의 초자아는 자신의 범죄를 끊임없이 상기시키며 괴롭혔습니다. 그가 마침내 자신의 죄를 인정하고 속죄의 길을 걷기 시작했을 때, 비로소 그의 영혼은 치유의 가능성을 발견합니다.

소냐의 무조건적인 사랑과 용서가 그를 구원으로 이끌었지만, 가장 중요한 것은 그가 스스로를 용서하는 법을 배웠다는 점입니다. 그는 자신의 죄를 부정하거나 정당화하는 대신 있는 그대로 받아들입니다. 자신의 어두운 측면을 인정하고, 그럼에도 불구하고 자신이 여전히 인간적인 존재라는 것을 깨닫게 되죠.

그때의 나를 이해하지 못하는 마음

• • •

오래전 재미있게 본 드라마 〈괜찮아, 사랑이야〉는 또 다른 면에서 죄책감과 초자아의 복잡한 관계를 보여줍니다. 작가와 정신과 의사라는 독특한 조합을 통해 각기 다른 캐릭터들의 상처와 트라우마를 섬세하게 그려냈습니다.

주인공 장재열은 베스트셀러 추리소설 작가이자 라디오 DJ로 매력적인 인물이지만, 어린 시절 가정폭력과 가족사로 인해 깊은 죄책감을 안고 살아갑니다. 특히 폭력적인 아버지를 일찍 잃고 형이 범죄자로 수감된 후 "내가 더 말렸더라면, 조금만 더 빨리 신고했다면" 하는 자책에서 벗어나지 못하지요. 그의 초자아는 어린 시절의 트라우마를 기반으로 형성되어, 환상에 빠질 정도로 그를 강하게 압박합니다.

반면 정신과 의사 지해수는 환자들을 상담하지만, 정작 본인도 어린 시절 가정사로 인해 관계 형성에 어려움을 겪습니다. 두 사람은 서로의 상처를 이해하고 보듬으며 죄책감과 수치심을 극복해나갑니다. 특히 장재열이 가족을 지키지 못했다는 죄책감에 괴로워할 때, 지해수는 "그때의 너는 어떻게 할 줄 몰랐을 거야. 너무 지나치게 책임지려 하지 마"라며 초자아의 압력을 완화시켜 줍니다.

온유 씨는 조금씩 달라졌습니다. 그녀는 평소에도 동생을 각별히 챙겨주려 애썼고, 동생이 감정적 위기에 빠졌을 때마다 달려가고, 진료를 받도록 독려하는 등 어떻게든 도와주려고 애썼습니다. 결국 그녀의 죄책감은 동생을 얼마나 사랑했는지를 보여주는 반증이었지요. 자신이 동생을 얼마나 지키고 싶었고, 도와주고 싶었는지를 자각하자 괴로움도 있는 그대로 받아들이기 시작했습니다.

죄책감은 삶을 질식시키는 짐이 아니라 내가 왜 이렇게 괴로워할까를 깨닫게 해주는 거울입니다. 그녀의 초자아는 여전히 그녀를 단죄하려 했지만, 그 목소리를 좀 더 객관적으로 듣고 균형 있게 해석하는 법을 배웠습니다.

정신분석학자 멜라니 클라인은 죄책감을 사랑하는 대상에게 상처를 주었을까 봐, 혹은 지키지 못했을까 봐 두려운 마음의 짐이라고 말합니다. 그녀는 우리가 죄책감을 자연스럽게 느끼는 존재라는 데 주목했습니다. 좋은 대상(내가 사랑하는 사람)을 내 잘못으로 잃을 수 있다는 두려움이 곧 죄책감의 뿌리라는 것이지요. 그리고 그 죄책감을 온전히 마주하고 다룰 수 있어야, 상처 입은 관계를 복원하거나(회복), 내면의 상처를 치유하며 성장할 기회를 얻는다고 강조했습니다. 이는 프로이트의 초자아 개념과도 연결됩니다. 초자아가 과도한 처벌을 내리려고 할 때는 죄책감이 자신을 파괴하지만, 균형 있는 초자아는 우리가 사랑과 책임감을 느끼고 성장할 수 있게 도와줍니다.

나약한 자여, 너의 죄를 사하노라

...

　미국의 심리학자 브레네 브라운은 죄책감과 수치심을 명확히 구분합니다. 죄책감은 내가 한 행동이 잘못됐을 수 있다는 비교적 건강한 시선이고, 수치심은 나라는 존재 자체가 잘못됐다는 파괴적인 감정이라는 것입니다. 죄책감은 비록 고통스럽지만 내가 뭘 어떻게 개선해야 할지 행동을 변화시킬 수 있습니다. 반면 수치심은 나 자신이 아예 틀린 사람이라는 낙인을 찍는 것이므로, 마음이 움츠러들어 변화의 가능성 자체를 막아버립니다. 프로이트의 관점에서 보면, 건강한 초자아는 죄책감을 통해 우리를 인도하지만, 병리적으로 엄격한 초자아는 수치심을 통해 우리를 무력화합니다.

　온유 씨는 자신을 탓하던 마음을, 비슷한 아픔을 겪는 사람들을 도와주겠다는 결심으로 바꾸었습니다. 그러자 동생을 지키지 못했다는 죄책감은, 그때 품었던 사랑을 지금 다른 사람들에게 전하겠다는 마음으로 이어졌습니다. 멜라니 클라인은 이것을 회복의 과정이라고 했고, 브레네 브라운은 취약함을 직면하는 용기라고 했습니다. 자신을 엄격하게 몰아붙이기보다는, 부족한 점도 받아들이고 여전히 사랑하는 것입니다.

　오늘도 누군가는 죄책감에 사로잡혀 밤잠을 설칠지 모릅니다. "내가 다 망쳐버렸어", "다 내 탓이야" 하는 마음이 찾아올 때, 스스로에게 말해보면 어떨까요.

"그때 나는 정말 어떻게 할 줄 몰랐고 힘들었지만, 그래도 애썼을 거야. 이토록 괴롭다는 건 내가 그만큼 소중히 여겼다는 뜻일지도 몰라. 그러니까 이제는 너를 용서해도 돼."

죄책감은 내가 지키고 싶었던 것에 대한 절절한 애착입니다. 스스로를 엄격하게 몰아붙이는 목소리를 듣더라도 그것이 내 전부가 아님을 기억하세요.

일본에는 금가루를 이용해 깨진 도자기를 이어 붙임과 동시에 새로운 예술로 탄생시키는 킨츠기 기법이 있습니다. 죄책감도 우리 영혼의 황금 실이 되어 우리를 더 강하고 아름답게 만들어줍니다. 내면의 사랑과 책임을 재발견하고 자신을 더 깊이 이해하는 기회로 삼을 때, 죄책감은 더 이상 감옥이 아닌 성장의 디딤돌이 됩니다.

9
내가
왜 그러는지
나도 모를 때

아침에 일어나자마자 아이들을 챙기고, 퇴근 후에는 집안일을 하면서 틈틈이 업무 메일까지 확인합니다. 주말에는 부모님 댁에 다녀와야 하고, 친구들의 연락에도 성심껏 답하려 애씁니다. 그렇게 하루를 정신없이 보내다 문득 거울을 보면 지친 얼굴이 나를 쳐다봅니다. 그리고 불현듯 이런 생각이 스치지요.

"나, 이대로 정말 괜찮은 걸까?"

남들을 돌보는 일에는 누구보다 열심이면서, 정작 나 자신에게는 얼마나 귀를 기울이고 있는지 돌아볼 겨를이 없습니다. 그러다 보면 내 감정이 어떤지조차 느끼지 못하는 지경에 이르곤 합니다. 분명 뭔가 불편하고 서운한데, "그냥 기분이 안 좋아"라는 말 한마디로 내 마음을 뭉뚱그려버리기도 하지요. 그 순간 우리는 내면의 소중한 목소리를 스스로 무시하고 있는 것입니다.

정서중심치료로 잘 알려진 레슬리 그린버그 박사는 감정은 존중하고 활용해야 할 중요한 내부 신호라고 강조합니다. 분노는 내 경계가 침해되었다는 외침이고, 슬픔은 위로가 필요하다는 표시입니다. 불안은 위험에 대비해야 한다는 경고이며, 사랑과 기쁨은 이 관계나 순간을 더 깊이 누려보라는 안내입니다. 그러나 우리는 그런 감정의 메시지를 듣지 않습니다. 불편한 감정은 쓸데없는 것으로 치부하고 억누르려고 하죠. 그린버그는 오히려 감정을 억누를수록 더 심하게 흔들릴 수 있다고 지적합니다.

다시 영화 〈인사이드 아웃〉 이야기를 해볼까요? 주인공 라일리의 머릿속에 기쁨, 슬픔, 분노, 까칠, 소심 같은 다섯 감정들이 살고 있습니다. 처음에는 기쁨이 나머지 감정들을 이끌어가려고 애쓰지만, 점차 슬픔이 얼마나 중요한 감정인지 깨달으면서 함께 조화를 이뤄갑니다. '내가 싫어하는 감정을 굳이 받아들여야 할까?' 하는 생각이 들 수도 있습니다. 하지만 내가 느끼는 분노나 슬픔도 본래 내 삶을 지탱해주는 한 부분임을 깨닫는 순간, 우리는 조금씩 감정을 스스로 다독일 수 있는 힘을 얻게 됩니다.

내 마음을 알아주기를

• • •

민아 씨는 맞벌이를 하며 두 아이를 키우는 워킹맘이었습니다. 회사에서는 능력 있는 직원으로 인정받고, 집에서는 자상한 엄마가 되길 바랐지요. 너무 많은 역할을 동시에 감당하려 애쓰던 어느 날, 남편의 무심한 말 한마디에 그녀는 울음을 터뜨리며 폭발하고 말았습니다.

"나는 왜 이렇게 별것도 아닌 일에 예민하게 구는 걸까요?"

그녀는 스스로를 탓했습니다. 하지만 자신의 분노와 울음이 오랫동안 억눌려온 피로와 억울함의 신호라는 것을 알게 됐습니다.

"남편이 제 감정을 대수롭지 않게 여긴다고 생각하니 억울하고 지쳤어요."

민아 씨는 마침내 자신에게 솔직해졌고, 그동안 제대로 보살피지 못했던 자신의 마음을 솔직히 꺼내놓았습니다. "그럼 친구가 똑같이 털어놓는다면 뭐라고 하시겠어요?"라는 물음에 민아 씨는 잠시 생각하다가 "그동안 많이 힘들었겠구나. 충분히 화날 만해"라고 말해줄 거라고 답했습니다. 그 말을 자신에게도 해주면 어떻겠냐고 하자 민아 씨는 자기 가슴에 살며시 손을 얹고 말했습니다.

"그동안 참 많이 힘들었겠네. 충분히 화날 만해. 화내도 이상하지 않아."

민아 씨는 왠지 모르게 마음 한구석이 부드럽게 풀리는 걸 느꼈습니다.

감정을 억누르거나 외면하기보다 있는 그대로 표현하고 인정하는 과정이 우리에게는 절실합니다. 뇌과학자 대니얼 시겔은 '감정에 이름을 붙이면 길들일 수 있다(Name it to tame it)'는 원리를 말합니다. '기분이 안 좋아'에서 멈추지 말고 '무시당한 것 같아 서운해', '아이들에게 소리 질러서 미안해'와 같이 좀 더 구체적으로 표현해보면, 내 마음을 훨씬 명료하게 파악할 수 있습니다.

감정을 알아차린 후에는 그 감정이 전하는 메시지를 들여다봐야 합니다. 짜증은 너무 과로했으니 나를 돌봐달라는 신호일 수 있고, 서운함은 인정과 지지가 필요하다는 표현일 수 있습니다. 심리학자 크리스틴 네프가 강조하는 자기 연민도 이 대목에서 힘을 발휘합니다. "그래, 많이 힘들었구나. 그럴 수 있어"라고 스스로를 따뜻하게 보듬어줄 때, 감정은 더 이상 무분별한 폭발이나 깊은 억압으로 치닫지 않고 한결 차분하게 녹아들 수 있습니다.

흔히 내 감정만 챙기면 이기적인 사람으로 보여지지 않을까 걱정합니다. 하지만 자기를 돌보지 못하면 결국 타인에게도 온전히 집중할 수 없습니다. 내가 몹시 지쳐 있는데도 무리해서 남을 돕다 보면, 어느 순간 한계에 부딪혀 더 크게 무너질 수 있으니까요. 자신에게 친절을 베푸는 일은 결코 이기적이지 않습니다. 내가 먼저 안정되어야 비로소 타인에게도 넉넉한 마음으로 다가갈 수 있습니다.

감정은 해소가 아닌 길들이는 것

내가 느끼는 분노, 슬픔, 불안, 서운함은 타인이 대신 해결해 줄 수 없습니다. 누군가에게 위로받고, 전문가에게 상담받는 것도 큰 힘이 되지만, 마지막 문턱에서 스스로를 돌아보고 품어주지 않으면 또다시 무너지기 쉽습니다. "오늘 하루, 너는 어떤 느낌이었니? 혹시 많이 상처받진 않았어?" 하고 스스로에게 조용히 물어보세요. 내 감정을 불러내고 "미안해, 알아차리지 못해서. 이제부터는 좀 더 신경 쓸게"라고 다정히 답하는 순간, 우리는 비로소 내 삶의 주인공은 나라는 사실을 체감하게 될 것입니다.

감정은 때론 우리를 흔들고 괴롭히지만, 우리가 무엇을 필요로 하는지 알려주는 충실한 안내자이기도 합니다. 내 감정에 귀 기울이는 것은 결코 시간 낭비가 아닙니다. 그것은 내가 나를 온전히 만나는 소중한 순간입니다. 나의 감정을 인정하고 토닥여줄 때, 우리는 더 이상 감정의 파도에 휩쓸리지 않고 잔잔한 호흡으로 균형을 찾게 됩니다. 그리고 비로소 타인에게도 진실된 마음으로 다가갈 수 있습니다.

오늘 하루, 잠시 멈춰서 지금 내 마음은 어떤 이야기를 하고 싶은지 물어보세요. 그리고 그 대답을 있는 그대로 들어주세요. 그 작은 대화가 쌓이고 쌓여 언젠가는 당신이 자신의 가장 따뜻한 친구가 되는 순간이 올 것입니다.

사소한 말 한마디에 존재가 부정당하는 듯
흔들릴 때가 있다.
내가 예민해서도, 상대가 이상해서도 아니다.
그것은 치유받지 못한 마음이 조용히 보내는 신호.
불편함이라는 얼굴로 다가오는 감정은
나에게 지금 무엇이 필요한지를 알려준다.

Part 2
내 감정들은 내가 뭘 원하는지 알고 있다

1
무의식이 보내는 메시지

그리스 신화에 나오는 판도라의 상자 이야기를 해볼까요? 호기심 많은 판도라가 절대 열지 말라는 신들의 경고를 무시하고 상자를 열자 온갖 재앙이 세상으로 쏟아져 나왔습니다. 판도라가 황급히 뚜껑을 닫으려 할 때 맨 밑바닥에 있던 것이 바로 희망이었죠. 상자를 꼭꼭 닫아두면 재앙은 밖으로 나오지 않지만, 동시에 희망도 갇혀서 나올 수 없게 됩니다. 우리 마음에도 이와 비슷한 일이 일어나고 있습니다.

견딜 수 없이 괴로운 기억을 억지로 눌러 담아두면, 당장의 고통에서는 벗어날지 모르지만 그것은 우리 내면에 계속 남아서 작은 균열을 만들어냅니다. 깊숙이 묻어둔 기억이나 감정은 종종 예상치 못한 방식으로 우리 삶에 영향을 미칩니다. 그 안에 담긴 메시지와 배움은 영영 놓치면서 말이에요.

우리가 도무지 마주하기 어려운 것들을 무의식 속으로 밀어 넣는 심리적 방어기제를 정신분석에서는 '억압'이라고 부릅니다. 억압은 우리를 보호해주기도 하지만, 때때로 더 크게 몸과 마음을 흔들어놓죠.

프로이트에 따르면, 인간의 마음은 의식, 전의식, 무의식의 층위로 구성되어 있다고 합니다. 무의식은 자신도 알아차리지 못한 채 내면 깊숙이 숨겨둔 생각과 감정, 욕망, 괴로운 기억이 자리 잡는 곳입니다. 억압은 바로 견디기 힘든 감정이나 욕망을 무의식의 세계로 밀어 넣는 과정입니다. 가령 잊고 싶은 상처가 있거나, 사회적으로나 도덕적으로 용납하기 어려운 분노가 치밀어 오를 때, 우리는 이를 무의식으로 쑥 밀어 넣어버립니다. 그리고 "나는 괜찮아"라고 되뇌며 그 감정이 존재하지 않는 듯 행동합니다. 억압은 이렇게 있지만 없는 것처럼 만드는 심리 작용입니다.

마주하고 싶지 않은 감정을 처리하는 법

억압된 기억이나 감정은 영원히 사라지지 않습니다. 오랜 세월 무의식 속에 잠복해 있다가 삶의 어느 순간 복합적인 증상이나 심리적 고통으로 다시 모습을 드러냅니다. 원인을 알 수 없는 슬픔이나 이유 없는 분노, 혹은 무언가에 지나치게 예민하게 반응하는 모습이죠.

　억압과 함께 자주 언급되는 또 다른 방어기제가 투사입니다. 마주하고 싶지 않은 자신의 감정이나 욕망을 타인의 모습이나 행동에 덧씌우는 것입니다. 자신의 감정을 타인이 가진 것처럼 느끼고 해석하는 것이죠. 억압과 투사는 우리 마음속에서 짝을 지어 마치 연극 무대의 배후와 같은 역할을 합니다. 겉으로는 상대방과 갈등이 일어난 것처럼 보이지만, 사실은 억압된 내 감정이 분장을 하고 등장한 것입니다.

　우리 삶에서 억압은 의외로 자주 발견됩니다. 슬프거나 분노가 치밀어 오르는데도 "나는 괜찮아"라고 말하는 장면을 떠올려보세요. 마음 한구석에서는 울고 싶은데, 사회적 규범이나 주변의 시선 때문에 억지로 눈물을 삼킵니다. 또는 오래전 상처를 떠올리면 견디기 어려우니 매번 회피합니다. 어린 시절 부모의 부당한 꾸지람이나 학대가 생각날 때마다 "어차피 지난 일이야"라고 단념해버리는 식입니다. 겉으로는 씩씩해 보이지만, 속으로는 눈물과 해소되지 못한 분노가 오랜 기간 압축되어 있습니다.

　이런 억압이 지속되면, 어느 날 신체 증상이나 극단적인 감정 폭발의 형태로 튀어나올 수 있습니다. 갑자기 가슴이 답답해지거나 몸이 뻣뻣해지고, 혹은 사소한 일에 과도하게 예민해지는 것입니다. 때로는 자신도 이해할 수 없는 자책감이나 수치심에 사로잡혀 밤에 잠들지 못하기도 합니다. 이런 모습은 억압이 우리 안에서 만들어내는 그늘과 같습니다.

셰익스피어의 비극 《맥베스》에는 억압의 단면이 선명하게 나타납니다. 왕위를 탐한 맥베스 부부는 살인을 저지르고, 죄책감을 무의식 속에 억압합니다. 그들은 겉으로는 아무렇지 않은 척 애쓰지만, 밤이면 악몽에 시달리거나 환영을 보고, 손에서 피 냄새가 지워지지 않는 듯한 공포에 시달립니다. 아무리 감추려 해도 억압은 무대 뒤에서 끊임없이 동요를 일으키고, 삶 전체를 흔들어놓기도 합니다. 물론 우리 일상은 소설처럼 극적이지는 않습니다. 그렇지만 의식적으로 부정해온 감정이 오히려 더 강력하게 영향을 미친다는 점은 똑같습니다. 억압된 두려움이나 슬픔, 욕구는 무의식 속에서 힘을 키우며 우리의 선택과 행동에 은밀히 개입합니다.

수민 씨는 활기차고 다정한 사람입니다. 말할 때도 언제나 웃는 얼굴이었는데, 알고 보니 오래된 두통으로 몇 년째 고생하고 있었습니다. 병원에서는 특별한 이상이 없다고 하는데도 통증은 사라지지 않았죠. 이야기를 나누면서 수민 씨는 어린 시절 겪은 가족 내 폭언과 충돌을 어느 순간부터 나와는 상관없는 일처럼 부정해왔음을 알게 되었습니다. "나는 원래 마음이 강해서 그런 거 금방 털어내버려"라며 안 그런 척했지만, 무의식 속에 두려움과 상처가 묻혀 있었습니다. 그 두려움과 억울함을 누르고 또 누르다 보니, 감정이 몸에 신호를 보낸 것입니다. "사실 정말 무섭고 울고 싶었다"고 솔직하게 고백하자 그녀의 두통은 서서히 호전되기 시작했습니다.

감정의 상자를 들여다볼 용기
• • •

우리는 고통스럽고 두려운 기억을 지우고 싶은 마음에, 판도라의 상자처럼 아프고 힘든 감정을 모두 함께 가둬버립니다. 그러나 억압은 순간적인 자구책일 뿐 영원히 묻어둘 수는 없습니다. 세월이 흘러 어느 날 불쑥 올라오는 한숨과 눈물, 원인 모를 분노와 불안을 통해, 무의식은 끊임없이 나를 들여다봐 달라는 신호를 보냅니다.

감정의 상자를 완전히 봉쇄하기보다 조심스럽게 열어볼 용기가 필요합니다. 혹독한 재앙처럼 보이던 과거의 기억과 감정은, 사실 우리가 성장할 수 있는 통찰과 희망을 품고 있습니다. 자신의 내면 깊숙한 감정을 마주하고, "그래, 이럴 수밖에 없었어. 지금 내 마음이 이렇구나"라고 인정해줄 때, 그것은 더 이상 무서운 괴물이 아니라 따스한 자기 이해로 변합니다. 그 순간부터 오랫동안 견고하게 잠겨 있던 문은 천천히 열리고, 비로소 새로운 평온과 안정을 맞이할 것입니다.

어쩌면 우리는 소리 없는 방에 파편들을 숨겨놓고 살아갑니다. 어둠 속에 묻어둔 감정들은 달빛 아래 그림자처럼 우리를 조용히 따라다닙니다. 그 그림자와 마주할 용기가 필요합니다.

마치 오래된 서랍을 열듯, 조심스럽게 내면의 문을 열고 그곳에 갇혀 있던 모든 감정에게 이름을 불러주세요.

단 한 방울의 눈물도 억누르고 살아온 강인한 당신. 그토록 두려워했던 내면의 강물은 슬픔의 바다로 흘러가지 않을 것입니다. 그 물결 위에 몸을 맡기면 진정한 자유를 맛보게 될 것입니다. 바람이 나뭇잎을 스치고 지나가듯, 감정도 자연스럽게 흘러가게 두세요. 숨겨둔 상처에 빛을 비추면, 그 상처는 더 이상 덧나지 않고 당신을 더 강하게 만듭니다.

판도라의 상자 속으로 한 걸음 다가서 보세요. 무의식의 심연에서 울려오는 작은 속삭임에 귀 기울이고, 단단히 봉인해온 기억들에게 살며시 손을 내밀어보세요. 때로는 숨 막히는 슬픔으로, 때로는 뼈를 깎는 분노로 다가올지 모릅니다. 하지만 그 모든 감정의 폭풍을 지나고 나면, 마침내 당신은 오랫동안 기다려온 평온의 해안에 도착할 것입니다. 그곳에서 당신은 더 이상 숨기지 않아도 되는 온전한 자신을 만납니다.

2
그 사람이
불편한 건
그 사람 탓일까?

처음 직장에 들어갔을 때 함께 입사한 동료가 회의 때마다 얼마나 또렷한 목소리로 자기 의견을 말하는지 대단하다고 감탄했지만 사실은 참 많이 불편했습니다. 상대를 너무 몰아붙이는 것처럼 느껴졌기 때문입니다. "왜 저렇게 공격적으로 말하지? 조금 더 부드럽게 표현할 수도 있을 텐데"라고 혼자 속으로 중얼거리면서, 그가 말할 때마다 나도 모르게 위축되어 점점 그를 피했습니다. 저는 거침없이 말하는 사람을 유난히 힘들어했습니다.

심리학을 배우면서 상대가 공격적인 것이 아니라 내가 그렇게 느낀다는 걸 알게 되었습니다. 저는 늘 조심스럽게 말하는 편입니다. 갈등을 피하려고 내 의견을 삼킨 적도 많고요. 그래서 내가 하지 못하는 일을 너무나 자연스럽게 하고 있는 상대의 모습이 불편했던 거였죠. 그 사실을 깨닫고 나자 그의 말투는 변함이 없음에도 그에 대한 나의 생각이 바뀌었습니다. 그는 공격적인 것이 아니라 단지 자기 생각을 솔직하게 말하는 것뿐이었습니다. 내가 싫어했던 것은 그 사람이 아니라 그를 보면서 느낀 내 안의 불편함이었습니다. 그때부터는 그가 더 이상 거슬리지 않고 오히려 배울 점이 많은 사람이라는 걸 알게 되었습니다.

우리 마음 한구석에서 올라오는 불편한 감정들이 꼭 다른 사람 탓인 것만 같을 때가 있습니다. "저 사람, 왜 저렇게 날 힘들게 하지?" 하고 상대 때문에 화가 난 것처럼 느껴지는 순간들 말입니다. 그런데 가만히 들여다보면 내가 지닌 감정의 그림자가 그대로 상대에게 비쳐진 것일 수도 있습니다. 프로이트는 자기 마음에 있는 불편함과 두려움을 스스로 품기 어려울 때, 그것을 타인에게 덧씌우는 마음의 현상을 '투사'라고 불렀습니다.

투사는 자신의 욕망이나 감정을 인정하기 어려울 때, 무의식적으로 그것을 타인이나 외부 세계에 전가해버리는 심리적 방어기제입니다. 투사는 일상에서 아주 흔히 경험하면서도 알아차리지 못하는 마음의 작동입니다. 예를 들어 내 마음속에서 질투가 올라오는데 "저 사람은 나를 시기하고 있는 게 분명해!"라고 생각하는 것입니다. 자신도 모르게 내면의 불편함이나 결핍을 다른 사람에게 덮어씌우고는 상대한테 문제가 있다고 여기죠. 투사는 무의식적으로 이루어지기에 거울 속 내 모습을 보지 못하고 남 탓을 하게 됩니다.

불편한 감정을 상대에게 떠넘기기
· · ·

영화 〈조커〉는 사회적 소외와 정신적 고통 속에서 점점 변해가는 한 남자의 이야기를 그립니다. 주인공 아서 플렉은 희극인이 되고 싶지만, 정신질환과 경제적 어려움, 주변의 냉대 속에서 점점 벼랑 끝으로 몰립니다. 그는 처음부터 폭력적인 사람이 아니었지만, 사람들은 그의 기이한 웃음을 조롱하고 불안한 시선으로 바라보며 경계합니다. 결국 그는 자신을 두려워했던 이들의 시선 속에서 점점 조커로 변해갑니다.

사회는 자신들이 직면하기 싫은 불안과 두려움을 특정한 대상에게 투사하는 경향이 있습니다. 가난, 정신질환, 소외 같은 문제를 해결하기보다는, 그것을 가진 사람을 배척하고 낙인찍음으로써 문제를 회피하려 합니다. 조커에서 아서는 바로 그 투사의 대상이 됩니다. 사람들은 "저 사람은 이상해", "저 사람은 위험해"라고 단정 짓지만, 사실 그 불안감은 사회가 만들어낸 것입니다. 결국 그를 두려워했던 사람들이 그를 진짜 조커로 만들어버립니다.

프로이트의 이론에 따르면 인간은 자신의 부정적인 감정이나 욕망을 인정하면 커다란 불안을 느끼기에, 이를 마음 밖으로 내던져버림으로써 자기를 보호하려 합니다. 애초에 방어기제라는 것이 우리 마음이 견디기 어려운 불편을 완화하기 위한 무의식적 전략입니다. 문제는 그것이 너무 자주, 혹은 과도하게 발동하면, 자신과 타인을 있는 그대로 보기 어렵다는 것이지요. 나에게서 비롯된 실망이나 슬픔마저 타인의 행동이나 말투 탓으로 돌리고, 그 결과 사람들과의 관계가 점점 더 복잡해지고 손상됩니다.

셰익스피어의 〈오셀로〉 속 주인공들을 통해서도 볼 수 있습니다. 오셀로는 아내가 자신을 배신할 것이라는 불안과 질투를 마음속에 품고 있었고, 결국 이를 그녀의 행동에 투영합니다. 사소한 행동조차 "역시 배신하려고 하는군"이라며 의심하죠. 자기 내면에 있는 불안과 열등감을 인식하지 못하고, 아내의 부정(不貞)을 의심하는 것으로 표출합니다. 자신의 내적 갈등을 아내에게 투사하여 외부의 문제로 치환한 것입니다. 결국 그는 사랑했던 사람을 파괴하는 극단적인 행동을 하게 됩니다.

제가 만나는 사람들은 자주 "그 사람이 나를 자꾸 깎아내려요", "그 동료는 저를 미워하는 게 분명해요"라고 호소합니다. 직장 동료가 정말로 적대적일 수도 있지만, 마음 깊숙이 들어가 보면 '남들이 나를 무시해', '나를 우습게 볼지도 몰라'라는 불안감과 과거의 상처를 안고 있는 경우가 많습니다. 그 두려움이 워낙 커서 상대방의 사소한 말투나 작은 행동까지 모두 나를 무시하는 것으로 받아들이죠.

제멋대로 날아간 감정의 부메랑

물론 투사는 스스로를 지키기 위한 방어기제로서 우리 마음을 단기적으로 보호해줍니다. "나는 늘 부족해, 두려워"라고 고백하는 것은 쉽지 않은 일입니다. 그러니 "저 사람은 나를 하찮게 보는 것 같다", "저 사람은 왜 매사에 나를 괴롭히지?"라는 식으로 외부의 탓으로 돌리면, 잠깐은 마음이 편할 수 있습니다. 하지만 내면의 상처는 점점 더 어두운 곳에 가라앉고, 현실 관계의 갈등만 커집니다. 마음 깊은 곳에는 여전히 나는 언제든 무시당할지 모른다는 믿음이 뿌리를 틀고 있으니, 다른 누구를 만나도 비슷한 문제가 되풀이되죠.

투사를 벗어나는 과정은 나의 그림자를 더 이상 남에게 떠넘기지 않고 내가 떠안는 훈련입니다. 어두운 내면을 스스로 인정하면, 다른 사람을 한결 너그럽게 대할 수 있습니다. 상대의 사소한 말투나 행동을 내 마음속 거대한 상처와 연결 짓지 않고, 불필요한 갈등을 줄일 수 있습니다. 무엇보다 나 자신을 이해하고 돌볼 수 있으니 무시당하거나 버림받을 수 있다는 두려움에 사로잡히지 않습니다.

나 자신에게 이렇게 물어보세요.

"내가 지금 정말로 느끼고 있는 감정은 무엇이며, 혹시 그것을 밖으로 내던지고 있지 않은가?"

"그래, 내 안에 두려움이 있고, 부끄러움이 있고, 분노가 있구나"라는 것을 깨닫는다면 부드러운 목소리로 스스로에게 말해 줍니다.

"그래도 괜찮아. 이 감정도 내 일부이니까, 내가 알아봐 주고 다독여주면 돼."

내 안에 자리 잡은 진짜 감정을 발견하고 불안이나 결핍을 받아들인다면, 더 이상 남을 탓하거나 상처 주는 방식으로 자신을 지키지 않을 것입니다. 상처 입은 영혼이 떨리는 손가락으로 타인을 가리키던 순간들, 그 모든 지적 뒤에는 내면의 아픔이 있습니다. 어둠 속에서 자신의 그림자를 보고 놀라 도망치는 아이처럼, 우리는 종종 가장 두려워하는 자아의 조각들을 다른 사람에게 투영합니다. 그러나 용기를 내어 그 그림자에게 다가갈 때, 우리는 더 온전하고 진실된 자신을 만나게 됩니다. "나는 이만큼 아팠구나. 그래서 내 감정을 상대에게 돌릴 수밖에 없었구나"라고 속삭이는 순간, 당신의 마음은 한층 더 깊고 넓어집니다.

자신의 모든 면을 정직하게 바라볼 수 있다면, 세상은 더 이상 적으로 가득한 전쟁터가 아닌, 다양한 영혼들이 자신의 상처를 안고 함께 걷는 여정이 될 것입니다.

3
다정하면서도 낯선, 좋으면서도 미운

　김형경의 에세이 《사람풍경》에서 작가의 친구들은 세상 사람들을 두 종류로 나눌 수 있다고 말합니다.
　"어둠이 밀려오는 밤바다를 지켜보면서 울어본 사람과 그렇지 않은 사람."
　"나의 이분법은 인간을 댄서와 화가로 나눈다."
　"나는 인간을 육식동물과 초식동물로 나눈다."
　"네팔을 여행할 수 있는 사람과 네팔을 여행할 수 없는 사람."
　우리 마음속에는 정말 다양한 이분법이 숨어 있다는 사실에 새삼 동의하게 되더군요.
　누군가와 관계를 맺으려고 할 때 우리는 무의식적으로 '이 사람은 좋은 사람일까, 나쁜 사람일까'와 같은 단순한 판단에 의존합니다. 겉으로 보면 그저 내 편인지 아닌지를 구분하는 자연스러운 심리로 보이지만, 사실 그 뒤에는 분열이라는 심리적 방어기제가 작동하고 있습니다. 분열은 하나의 대상(사람 혹은 상황)에 좋은 측면과 나쁜 측면이 동시에 존재한다는 것을 받아들이지 못하고, 한쪽 극단으로 몰아가 전적으로 좋거나 전적으로 나쁘다고 단정해버리는 심리기제입니다.

정신분석학자 멜라니 클라인에 따르면, 신생아는 엄마(주 양육자)를 완전히 좋은 대상 또는 완전히 나쁜 대상으로 나누어 경험한다고 합니다. 배고프고 힘들 때 적절히 돌봐주면 좋은 엄마, 그렇지 못하면 나쁜 엄마라고 단순화한다는 것이지요. 왜냐하면 아기는 복합적인 감정을 견딜 능력이 아직 미숙하기 때문입니다.

예를 들어 "엄마는 나한테 자상할 때도 있고, 나를 제대로 살피지 못할 때도 있어"라는 양가감정을 받아들이기에는 너무 이른 시기이므로, 나에게 즉각적으로 만족을 줘야 좋은 대상이고, 조금이라도 불편을 주면 나쁜 대상이라고 단정해버립니다. 이러한 분열은 아이가 강렬한 불안과 좌절을 잠시나마 극복하기 위한 생존 전략입니다.

성장하면서 하나의 대상(인물) 안에 좋은 면과 나쁜 면이 공존한다는 사실을 자연스럽게 이해해야 하는데, 이 과정이 제대로 이루어지지 않을 때가 있습니다. 누군가 내 기대에 부응하면 백 퍼센트 좋은 사람, 조금만 실망시키면 완전히 나쁜 사람으로 흑백논리에 빠지는 것이지요. 이런 사고방식은 우리의 불안이

나 혼란을 일시적으로 줄여주는 효과가 있습니다. 좋은 존재로 확정해버리면 전폭적으로 믿고 의존할 수 있고, 나쁜 존재로 규정해버리면 미련 없이 배척할 수 있으니까요. 하지만 현실은 그렇게 간단하지 않습니다. 누구나 여러 측면을 지니고 있고, 하나의 관계 안에서도 긍정적인 순간과 실망스러운 순간이 공존합니다. 분열에 빠진 상태라면 이러한 복합성을 받아들이기 어렵기에 안정적인 친밀감을 나누기 힘듭니다.

가까울수록 복잡해지는 감정

• • •

대학원생 소영 씨는 지도교수가 한 번이라도 칭찬해주면 "우리 교수님은 정말 훌륭해!"라며 따르다가도, 논문 수정을 많이 요구하면 교수님은 자신을 괴롭히는 최악의 사람이라고 생각했습니다. 지도교수에게는 다양한 측면, 예를 들어 연구자로서 탁월한 면도 있지만 냉정하게 피드백하는 면도 있죠. 하지만 소영 씨는 순간순간 느끼는 감정에 따라 교수님을 완벽히 좋거나 혹은 완벽히 나쁜 쪽으로 해석했습니다. 그러다 보니 논문 지도 과정에서 소영 씨의 스트레스는 극에 달했습니다.

회사원 은재 씨는 동료들과 자주 갈등을 겪습니다. 한 동료가 자신에게 몇 번 호의를 보이면 무조건 저 사람은 날 지지해주는 믿을 만한 사람이라고 이상화하다가, 어느 날 그가 자기한테 실수하면 배신자로 적대시합니다. 이전에 자신이 느꼈던 호감을 완전히 상실한 듯 행동하지요. 그러다 보니 동료들과 안정적인 관계를 맺기 어렵습니다.

소영 씨와 은재 씨 둘 다 한 사람이 다양한 환경에서 여러 가지 성향을 나타낼 수 있다는 것을 알지만, 막상 감정이 요동칠 때는 그 생각을 하지 못합니다. 사람들은 안정감을 얻기 위해 사람과 상황을 극단적으로 나눕니다. 이런 분열 상태에 계속 머무르면 관계를 성숙하게 조율하거나 조정할 수 없습니다.

분열은 단순히 우리 내면의 불안을 해소하기 위한 방어기제일 뿐, 인간의 복합적인 심리와 다양한 상황을 온전히 설명할 수는 없습니다. 여기서 조율과 조정을 위한 것이 정신화(mentalization)입니다. 정신분석학자 피터 포나기가 발전시킨 정신화 이론은 나와 타인의 마음 상태를 인식하고 해석하는 과정입니다. 하나의 행동 이면에 숨어 있는 감정, 환경적 압박, 과거의 상처 등을 상상하고 이해하려는 노력을 통해 단순한 흑백논리를 넘어설 수 있습니다. 정신화 능력이 발달하면 나쁘게 보이는 행동 뒤에는 여러 심리 상태, 즉 피곤, 두려움, 과거의 상처, 환경적 요인이 있음을 이해하게 되죠. 한 사람 안에 복합적인 요소가 공존한다는 사실을 알면 분열이 가져다주는 극단적인 시선에서 조금씩 벗어날 수 있습니다.

은주 씨는 신입사원 시절, 상사가 업무 지시를 애매하게 해서 실수했는데도 오히려 자신을 심하게 질책하자, 상사를 잔인하고 무책임한 사람이라고 단정 지었습니다. 그 뒤로 상사의 모든 말과 행동을 부정적으로 해석하며, 회사 생활에서 극도로 스트레스를 받았지요. 간단한 정신화 훈련 과정에서 은주 씨는 스스로에게 물어보았습니다.

"왜 상사는 그날 그렇게 화를 냈을까?"

"혹시 상사도 윗사람에게 압박받았거나, 내가 도움을 청하지 않아서 속상했을 수도 있지 않을까?"

"상사의 태도가 무례하긴 했지만, 나를 괴롭히려는 나쁜 의도는 아니지 않을까?"

은주 씨는 상사의 처지나 심리 상태를 추측해보고는 그도 불안하고 시간에 쫓기는 상황에서 예민해졌을 수 있다고 생각했습니다. 이후 두 사람은 대화를 통해 다음번에는 업무 지시가 헷갈릴 때 더 적극적으로 확인하자는 약속을 했습니다. 상사도 너무 거칠게 말해서 미안하다고 사과했습니다. 은주 씨는 상사를 전적으로 나쁜 사람으로 보던 극단적인 시각에서 벗어나, 조금 까칠하지만 일에 대한 책임감이 강한 사람으로 받아들였습니다.

서로 상반된 감정의 충돌

정신화는 당연히 쉽지 않은 작업이지요. 특히 분노나 실망이

클수록 '굳이 저 사람 마음까지 헤아려야 하나?' 하는 반발심이 생깁니다. 하지만 그 과정을 통해 한 인간은 여러 가지 감정과 성향을 가지고 있고 나 역시 복합적인 존재임을 조금씩 알게 됩니다. 이 지점에서 멜라니 클라인이 말하는 분열에서 통합으로 가는 길, 즉 양가감정을 수용하는 단계로 나아갈 수 있습니다.

사람에게는 누구나 좋은 면과 부족한 면이 공존하며, 그것이 자연스러운 인간의 모습입니다. 한 사람을 온전히 이해한다는 것은, 그 사람의 따뜻함과 무례함, 친절과 실수를 모두 다 받아들이는 일입니다. 완벽히 좋은 사람도, 완전히 나쁜 사람도 없습니다. 사랑과 실망, 기대와 좌절, 존경과 불만이 동시에 존재할 수 있다는 것을 인정할 때, 비로소 진정한 관계가 시작됩니다.

사람의 내면에는 어둠과 빛이, 사랑과 미움이 공존합니다. 삶은 흑백이 아니라 단순한 이분법으로 재단할 수 없는 오묘한 색채의 향연입니다. 우리의 영혼에는 아침의 태양과 밤의 달이 함께 머물고, 웃음과 눈물이 하나의 강물처럼 흐릅니다. 서로 모순되는 듯한 이 감정들이 한데 어우러져 우리를 온전한 인간으로 만들어줍니다. 이러한 사실을 알면 타인의 결점 앞에서도 마음이 크게 흔들리지 않습니다. 그들의 모순 속에서 나의 모습을 발견하고, 그 안에서 깊은 연민과 이해의 시선이 피어납니다.

4
내가 원하는 것이 무엇인지 알려주는 것

신데렐라 이야기는 시기심을 상징적으로 보여줍니다. 심리학자 앤 율라노프와 배리 율라노프는 《신데렐라와 그 자매들》에서 인간의 시기심을 잘 표현하고 있습니다. 자매들은 신데렐라의 선함과 아름다움을 질투합니다. 율라노프는 이를 우리 내면의 어두운 그림자라고 해석했습니다.

자매들이 신데렐라를 시기하는 것은 단지 그녀가 예뻐서가 아닙니다. 그녀의 빛나는 모습이 자신들의 부족한 면을 드러내기 때문이죠.

대부분의 사람들은 타인의 빛나는 순간 앞에서 한 번쯤 마음이 저리는 기분을 경험합니다. 친구의 화려한 성취나 연인의 밝은 미소가 다른 사람을 향할 때 말입니다. 그것은 축하와 응원이 아닌 쓸쓸함과 아픔으로 다가옵니다. 왜 나는 저 사람처럼 되지 못할까? 왜 내게는 저런 행운이 오지 않을까? 우리는 가끔, 아니 자주, 이렇게 묻습니다. 이 질문들은 우리 삶에 작은 균열을 만들어내고, 그 속에서 고개를 드는 감정이 바로 시기와 질투입니다.

프로이트에 따르면, 질투는 주로 삼각관계에서 발생하는 감정입니다. 내가 소중히 여기는 대상(연인, 친구, 가족)이 다른 사람과 가까워지면, 내 존재가 위협받고 있다는 두려움이 싹트면서 생겨난다는 것이지요. 연인이 다른 사람과 유독 친밀해 보일 때, 내가 그 사람보다 부족한 게 아닐까 하는 불안감과 상대에 대한 경쟁심으로 전형적인 삼각구도가 만들어집니다. 우리는 본능적으로 자신이 사랑받고, 사랑하는 사람을 독점하고 싶어 하는 욕구를 가지고 있기 때문입니다.

멜라니 클라인은 질투와 비슷하지만 다른 감정인 시기심을 설명했습니다. 시기는 타인이 가진 좋은 것을 보고 느끼는 결핍과 파괴 욕구에서 비롯된다고 합니다. 내가 가지지 못한 무언가를 상대가 가지고 있다는 사실이 내 부족함을 자극합니다. 그러면 상대의 좋은 점을 깎아내리고 싶은 충동이 생기죠. 시기심은 특히 친구나 가족과 같이 가까운 사람에게서 느낍니다. 클라인은 인간관계에서 신뢰와 존중을 떨어뜨리는 시기심이야말로 해로운 감정이라고 보았습니다.

내 안의 결핍과 두려움이 아우성치는 것

• • •

　질투와 시기심은 가장 원초적인 본능 중에 하나이기 때문에 다양한 모습으로 우리 삶에 스며들어 있습니다. 대학생 민지 씨는 가장 친한 친구가 다른 친구들과 더 가까이 지내는 모습을 보면 불안합니다. 친구를 독점하고 싶은 마음에서 비롯된 순수한 질투의 형태입니다. 자매인 은희 씨와 유진 씨는 서로의 성취를 은연중에 비교하며 속으로 시기합니다. 유진 씨가 취업에 성공했을 때, 은희 씨는 '왜 쟤만 잘되는 거야'라는 생각에 자꾸 작아집니다.

　소셜미디어에서도 우리는 시기심을 느낍니다. 평범한 하루를 보내는 지현 씨는 친구의 화려한 일상을 보면 자신이 초라하게 느껴집니다. 왜 내 인생은 이렇게 밋밋할까? 타인의 좋은 면만을 보여주는 가상의 공간에서 우리는 점점 더 자신을 부족하다고 느끼며 시기심에 휩싸입니다.

　시기와 질투가 유발하는 감정들은 때로 매우 고통스럽습니다. 상대를 미워하는 동시에 그런 나 자신이 싫어지기 때문입니다. 은정 씨는 동료가 승진하자 축하 대신 삐딱한 시선으로 바라보았고, 그러는 자신에 대해 자책감까지 느껴져 점점 더 우울해졌습니다. 이것이 클라인이 말한 시기심의 이중고입니다. 타인의 좋은 점을 보고 기뻐하기보다 파괴하고 싶은 욕구가 떠오르고, 그것을 인지하는 순간 스스로 죄책감이나 수치심을 느껴

또 한 번 상처를 입는 것이지요.

하지만 시기와 질투는 지극히 인간적인 감정입니다. '왜 나는 갖지 못한 것을 저 사람은 쉽게 누리는가'라는 질문은 열망과 결핍을 드러내는 신호이니까요. 결국 시기와 질투는 '나도 빛나고 싶다', '사랑받고 싶다'는 열망의 다른 얼굴입니다. 시기와 질투는 투사나 분열과 맞물려 우리의 무의식을 더욱 복잡하게 만듭니다. 그래서 시기와 질투는 나만 빼고 모두가 빛나 보이는 상황에서 자주 고개를 듭니다.

그렇다면 시기와 질투를 느낄 때, 어떻게 대처해야 할까요? 부정적인 감정이라고 해서 무조건 억누르기만 한다면 오히려 더욱 깊은 곳에서 불안과 좌절을 키울 수 있습니다. 이런 감정을 다스리기 위해서는 무엇보다 그 감정을 인정해야 합니다. "그래, 나는 지금 질투하고 있구나" 혹은 "저 사람을 보는 내가 왜 초라해지지?"라고 스스로에게 물어봅니다. 시기와 질투가 올라오는 그 지점에서 내가 진정으로 갈망하는 것은 무엇일까요?

"내가 진짜 갖고 싶은 것은 무엇이고, 왜 그걸 이루지 못할까?" 이런 탐색은 시기심이 단순한 파괴 욕구가 아니라 나도 성장하고 사랑받고 싶다는 메시지입니다. 그러고 나면 타인을 다르게 바라볼 수 있습니다. 그 사람의 성취는 그 사람만의 여정이라고 인식하는 것이죠.

질투는 욕망의 다른 이름

• • •

　타인의 빛나는 순간을 무조건 나의 실패로 치환하지 말고, 그 사람도 그만큼 노력하고 운이 따른 결과라는 사실을 인정하면 시기심은 상대에 대한 응원이나 나도 해볼까 하는 동기부여로 바뀔 수 있습니다. 이제 나만의 속도로 성취 기록을 남겨보세요. 남의 것을 부러워하며 스트레스를 받기보다, 내 삶에서 이뤄낸 소소한 것들을 감정일기나 작은 성공 노트에 기록해보세요. "어제는 운동을 30분 했다", "업무 하나를 무사히 마쳤다"와 같이 작은 성취를 스스로 인정하면, 남과 비교하며 느끼던 결핍이 점차 줄어듭니다.

　동화와 문학 작품에서 시기와 질투는 인간의 어두운 면을 상징적으로 그려냅니다. 그러나 한편으로 이 감정은 고유한 나로 살아가기 위해 우리가 빛을 얼마나 간절히 원하는지 보여줍니다. 타인이 빛나는 순간을 완전히 없애버리는 대신, 나만의 빛과 속도를 인정할 때 조금 더 온전하고 자유로운 내가 될 수 있습니다.

　'나만 빼고 다 잘나가네'라는 씁쓸한 감정이 파도처럼 밀려올 때, 잠시 호흡을 고르고 그 파도 속으로 몸을 맡겨보세요. 그리고 물결 밑에서 들려오는 작은 목소리에 조용히 귀 기울여보세요. "나도 저렇게 빛나고 싶어. 나도 저렇게 사랑받고 싶어." 이 간절한 속삭임은 부끄러운 것이 아니라, 가장 진실된 열망입니다.

　시기와 질투라는 가시 돋친 껍질을 벗겨내면, 그 안에는 성장을 향한 순수한 갈망의 씨앗이 숨어 있습니다. 그 씨앗을 정직하게 바라보고 정성껏 가꿀 때, 타인의 빛 앞에서 움츠러들던 그림자는 어느새 당신만의 고유한 빛이 될 것입니다.

5
도망쳐도
결국 자신을
마주할 뿐

중요한 시험을 앞두고 괜히 방 청소하기, 마감 기한이 다가오는데도 웹서핑을 하며 시간 보내기, 약속에 나가고 싶지 않아 이런저런 핑계 찾기, 혹은 누군가와의 갈등이 두려워 답장을 미루거나, 자신의 속마음을 표현해야 하는 순간 갑자기 바쁜 척한 경험이 있지 않나요? 해야 하고 부딪혀야 하는 일에서 눈을 돌리는 것을 회피라고 부릅니다.

심리학에서 회피는 불안이나 스트레스를 유발하는 상황을 피하려는 방어기제입니다. 프로이트는 인간이 무의식적으로 고통스러운 감정을 억누르거나 피하려 한다고 보았고, 이후 심리학자들은 이러한 회피 행동이 우리 삶에 어떤 영향을 미치는지 연구했습니다.

심리학자 존 볼비와 메리 에인스워스의 애착 이론에 따르면,

어린 시절 부모와의 관계에서 안정적인 애착을 형성하지 못한 사람들은 성인이 되어서도 감정적인 친밀감을 피하고 거리를 두는 경향을 보인다고 합니다. 어린 시절에 감정을 드러내도 안전할까라는 질문에 그렇지 않다는 답을 반복해서 경험한 사람들은 성인이 되어서도 감정을 솔직하게 표현하지 못합니다. 불편하거나 무서운 일에 맞닥뜨리면 회피해버리는 것이죠.

회피는 자신을 보호하려는 본능적인 반응이지만, 반복될수록 문제를 해결하기 어렵고 불안은 더 커집니다. 그렇다고 회피가 무조건 나쁘다고 할 수는 없습니다. 때때로 감당하기 어려운 감정을 조절하기 위한 생존 전략이 되기도 하니까요. 중요한 것은 나는 지금 무엇이 두려워서 도망치고 있는 걸까라고 스스로에게 질문하는 것입니다.

회피의 심리를 잘 보여주는 이야기로 《오즈의 마법사》에 나오는 겁쟁이 사자를 떠올려볼 수 있습니다. 사자는 겉보기에는 우람하고 강하지만, 자신에게 용기가 없다고 생각하며 위험한 일이 닥칠 때마다 도망가기 바쁘죠. 하지만 여정을 거듭하면서 그는 용기가 단순히 두려움이 없는 상태가 아니라, 두려움을 직면하고 한 걸음 내딛는 과정이라는 것을 깨닫게 됩니다. 겁쟁이 사자의 모습은 우리의 회피 행동과 닮아 있습니다. 우리는 두려운 감정을 없애야만 앞으로 나아갈 수 있다고 생각하지만, 사실 두려움을 안고도 조금씩 나아갈 수 있습니다.

일본 애니메이션 〈센과 치히로의 행방불명〉의 주인공 치히로도 회피와 성장을 보여줍니다. 처음에 치히로는 새로운 환경이 두려워 부모님 곁을 떠나지 않으려고 합니다. 하지만 점차 자신이 회피하고 싶었던 두려움을 마주하고, 결국 스스로 문제를 해결하는 법을 배웁니다. 치히로가 도망치지 않고 자신의 힘으로 길을 찾아가듯, 우리도 회피하지 않고 한 걸음 내딛을 수 있습니다.

결국은 나를 찾아가는 여정

소정 씨는 연애가 깊어질 때마다 갑자기 마음이 식는 듯한 기분이 들곤 했습니다. 상대방이 다정하게 다가올수록 이상하게 불편했고, 가까워지면 멀어지고 싶었습니다. "나는 원래 혼자가 편해"라고 말하지만, 사실 마음 깊은 곳에서는 누군가와 가까워지는 것이 두려웠습니다.

어린 시절, 소정 씨의 부모님은 자주 다퉜고, 그때마다 그녀는 방 안에 틀어박혀 있었습니다. 사랑이라는 것이 언제든 불안정하게 흔들릴 수 있다는 사실을 너무 일찍 알아버린 그녀는 애초에 가까워지지 않으면 상처받을 일도 없다는 것을 배웠습니다. 그렇게 감정적인 친밀감을 위험한 것으로 여겼고, 회피함으로써 자신을 보호해왔던 것이죠. 그런데 시간이 지나면서 소정 씨는 문득 깨달았습니다.

"나는 상처받지 않기 위해 도망쳤지만, 결국 혼자 남겨지는 것도 가슴 아팠어."

소정 씨는 자신의 감정을 천천히 바라보기 시작했습니다. 누군가를 만날 때 불편함이 올라오는 순간, 자신에게 다정한 질문을 던졌습니다.

"내가 지금 정말 싫어서 멀어지고 싶은 걸까? 아니면 이 친밀감이 낯설어서 두려운 걸까?"

그녀는 여전히 완벽하게 두려움을 없애지는 못했지만, 적어도 예전처럼 도망치지는 않았습니다. 처음으로 회피가 아닌 선택을 했습니다.

소연 씨는 직장에서 새로운 프로젝트를 맡게 되었지만, 내가 잘할 수 있을까 하는 두려움에 차일피일 미루기만 했습니다. 처음에는 다른 업무가 너무 많아서 어쩔 수 없다고 스스로를 설득했지만, 시간이 지나자 아예 프로젝트 자체를 피하려는 자신을 발견했습니다. 사실 바빠서 못 한 것이 아니라 실패할까 봐 두려웠던 것입니다.

어릴 때부터 부모님은 소연 씨에게 최고가 되어야 한다고 말했습니다. 그녀는 언제나 완벽해야 한다고 생각했고, 그렇지 못할 바에는 아예 시도조차 하지 않는 것이 더 낫다고 느꼈습니다. 실패는 그녀에게 단순한 실수가 아니라, '나는 가치 없는 사람이다'라는 낙인이었습니다. 하지만 시간이 지나면서 그녀는 완벽해야 한다는 믿음이 오히려 자신을 아무것도 하지 못하게 만들고 있다는 것을 깨달았습니다.

소연 씨는 작은 시도부터 해보기로 했습니다. 완벽하지 않아도 좋으니 일단 시작하자고 말이에요. 처음에는 두려웠지만, 막상 해보니 생각보다 괜찮았습니다. 중요한 건, 실패하지 않는 것이 아니라 도망치지 않는 것이니까요.

단 한 걸음 내딛을 용기만 있다면

이처럼 회피는 관계에서나 일, 또는 자신과 대면할 때도 나타납니다. 사람마다 이유는 다르지만 공통점은 하나입니다. 불안을 줄이기 위한 방어기제인 회피가 결국 더 큰 불안을 만들어낸다는 것입니다. 이것이 반복되면 우리는 점점 더 많은 것을 피하게 됩니다. 갈등을 피하다 보면 관계가 소원해지고, 도전을 피하다 보면 성장의 기회를 놓칩니다. 그리고 어느 순간, 더 이상 도망칠 곳이 없어지면 우리는 압도적인 불안 속에 갇히게 됩니다.

우리는 어떻게 회피를 멈출 수 있을까요? 회피하고자 하는 심리를 완전히 없앨 필요는 없습니다. 때로는 도망치는 것이 필요할 때도 있고, 시간이 지나면 자연스럽게 해결되는 문제도 있습니다. 다만 중요한 것은 내가 무엇을 피하고 있는지를 인식하는 것입니다.

"나는 지금 이 상황이 불편해서 피하고 있는 걸까?"

"이 문제를 피하면 나중에 더 힘들어질까?"

"지금 할 수 있는 작은 선택은 무엇일까?"

스스로에게 질문을 던지다 보면, 회피 대신 다른 선택을 할 수 있습니다. 한 걸음에 모든 것을 바꿀 수는 없습니다. 그저 도망치지 않고 잠시 멈춰 서보는 것이 회피에서 벗어나는 첫걸음입니다.

우리는 모두 두려운 순간을 마주하며 살아갑니다. 어둠 속에 숨어 떨고 있는 아이처럼, 때로는 세상의 가장자리로 물러나 그림자 속에 몸을 숨기고 싶을 때가 있습니다. 그 순간에 자신을 비난하지 마세요. 왜 또 피하고 도망치느냐며 자책하기보다, '나는 지금 안전을 갈망하고 있구나' 하고 스스로를 다정하게 안아주세요.

폭풍우를 잠시 피하는 것은 결코 부끄러운 일이 아닙니다. 다만 폭풍이 지나간 후에는 문을 열고 한 걸음 밖으로 나가보세요. 도망치고 싶을 때 잠시 멈춰 깊은 숨을 들이마시고 내 마음의 풍경을 바라보세요. 그곳에는 오래된 두려움과 상처, 그리고 아직 꽃피우지 못한 희망의 씨앗이 함께 있을 것입니다. 그 모든 것을 있는 그대로 받아들이면서, 오늘은 어제보다 조금 더 용기 있는 선택을 해보는 건 어떨까요?

《오즈의 마법사》에 나오는 사자처럼, 진정한 용기는 두려움이 없는 것이 아니라 두려움을 안고 걸어가는 것입니다. 당신이 도망치지 않고 한 걸음 내디딜 때마다, 당신의 영혼에 작은 승리의 발자국이 새겨집니다. 그리고 언젠가 뒤돌아보면 당신이 얼마나 멀리 왔는지 알게 될 것입니다.

6
치유받지 못한 마음이 보내는 신호

"왜 또 이런 사람을 만났을까?"

"이번에는 다를 거라고 생각했는데, 결국 똑같아."

"더 이상 이런 실수를 안 하려고 했는데, 나도 모르게 또 이렇게 돼버렸어."

우리는 종종 같은 실수를 반복하며 살아갑니다. 다짐하고, 반성하고, 새로운 길을 가보려 하지만, 결국 비슷한 상황으로 되돌아옵니다. 같은 유형의 사람과 사랑에 빠지고, 같은 이유로 다투고, 같은 문제로 고통받습니다.

이러한 반복을 잘 보여주는 영화가 있습니다. 〈이보다 더 좋을 순 없다〉입니다. 주인공 멜빈 유달은 베스트셀러 작가이지만 심각한 강박장애를 앓고 있습니다. 그는 매일 같은 식당에서 같은 자리에 앉아 같은 메뉴를 주문하고, 문손잡이를 다섯 번 닦고, 길을 걸을 때는 보도블록의 모서리를 절대 밟지 않습니다.

그러나 멜빈이 반복하는 것은 단순한 강박 행동만이 아닙니다. 인간관계에서도 같은 실수를 되풀이합니다. 그는 사람들에게 독설을 퍼붓고, 누군가와 가까워지는 순간 그들을 밀어내며, 호감을 가지면서도 상대에게 상처를 줍니다. 결국 혼자가 되는 패턴을 반복하죠. 왜 그럴까요? 그의 무의식은 관계에서 상처받지 않으려면 미리 상대를 밀어내는 것이 안전하다고 믿기 때문입니다. 하지만 그 결과는 더 깊은 외로움과 고립뿐입니다.

우리는 자신도 이해할 수 없는 방식으로 같은 실수를 반복합니다. 잘못된 인간관계를 지속하거나, 스스로를 망치는 행동을 멈추지 못하죠. 이러한 현상을 프로이트는 반복강박이라고 불렀습니다. 이는 해결되지 않은 과거의 상처가 무의식적으로 우리 삶에서 재현되는 것입니다.

반복강박의 기저에는 해결되지 못한 심리적 상처가 자리하고 있습니다. 프로이트는 트라우마를 의식적으로 극복하지 못하면, 무의식적으로 그것을 반복하며 해결하려 한다고 보았습니다. 마치 퍼즐을 맞추려 애쓰듯이, 비슷한 상황을 반복하면서 이번에는 다를 거라는 희망을 품지만, 해결되지 않은 감정은 동일한 방식으로 재연되고 상처는 더욱 깊어질 뿐입니다.

해결되지 못한 마음의 상처

어린 시절 부모에게 충분한 사랑을 받지 못한 사람은 사랑을 갈구하면서도 매번 무관심하고 감정 표현을 하지 않는 상대에게 끌립니다. 자신의 사랑으로 상대를 변화시키려 하지만, 결국 또다시 같은 아픔을 경험하죠. 어린 시절의 결핍을 보상받으려고 하지만 좌절만 반복될 뿐입니다. 이러한 패턴은 인간관계뿐만 아니라 행동이나 직업 선택, 생활 패턴에서도 나타납니다.

예를 들어 늘 자신을 인정해주지 않는 상사를 만나는 사람이 있습니다. 처음에는 그들의 기대를 충족시키기 위해 노력하지만, 어김없이 좌절감을 경험하죠. 이는 어린 시절 부모에게 충분한 인정을 받지 못한 경험과 연결될 수 있습니다. 반복강박의 가장 무서운 점은 우리가 원하지 않아도, 무의식적으로 익숙한 감정에 끌린다는 것입니다. 그 익숙한 감정이 불행일지라도 말이에요.

반복강박은 단순히 감정적인 영역에서만 나타나는 것이 아닙니다. 때때로 강박적으로 같은 행동을 반복하기도 합니다. 어떤 사람들은 특정한 루틴을 반복해야만 불안감을 줄일 수 있습니다. 손을 여러 번 씻어야 안심이 되고, 문을 잠갔는지 몇 번이고 확인해야 하고, 매일 같은 길로 출근해야 마음이 놓입니다. 자주 같은 방식으로 돈을 잃는 사람, 중독적인 행동을 반복하는 사람, 심지어 특정한 도시나 환경을 계속해서 찾는 사람도 있습니다. 이러한 행동적 강박 역시 무의식이 불안을 통제하려는 방식입니다. 어린 시절 부모가 통제적이었거나, 예측할 수 없는 환경에서 자란 사람들은 이런 강박적인 행동을 통해 자신의 삶을 스스로 통제하고 있다는 느낌을 받습니다.

반복강박을 가장 잘 상징하는 이야기가 바로 그리스 신화의 시시포스입니다. 시시포스는 신들을 속인 벌로 거대한 바위를 산 정상까지 밀어 올리는 형벌을 받습니다. 하지만 바위는 정상에 도달하기 직전 다시 아래로 굴러떨어지고, 그는 영원히 같은 노동을 반복해야 하죠.

우리는 반복강박 속에서 이렇게 생각합니다.

"이번엔 다를 거야."

"이번엔 내가 정말 사랑받을 수 있을 거야."

"이번엔 내가 상처받지 않고 끝낼 수 있을 거야."

그러나 바위는 다시 굴러떨어집니다. 과거의 패턴을 벗어나지 못하면, 우리는 시시포스처럼 끝없는 반복 속에서 살아가게 됩니다.

반복강박에서 벗어나기 위해 가장 중요한 것은 내가 반복하고 있는 것이 무엇인가를 인식하는 일입니다. 내가 반복적으로 겪는 고통은 어디에서 비롯된 것인지, 어떤 감정과 연결되어 있는지를 알아차려야 합니다.

혜진 씨는 늘 비슷한 방식으로 연애가 끝난다고 털어놓았습니다. 연애 초반에는 상대에게 맞추고 헌신하지만, 시간이 지나면 상대가 점점 멀어지는 패턴이 반복되었죠. 헤어질 때마다 그녀는 버려진 기분을 느꼈습니다. 그녀는 어린 시절을 돌아보았습니다. 혜진 씨는 늘 바쁜 어머니의 관심을 끌기 위해 착한 아이가 되어야 했습니다. 그때의 감정이 성인이 되어서까지 관계 패턴을 지배하고 있었습니다.

연애에서 자신의 감정보다 상대를 우선시했지만, 결국 상대는 부담을 느끼며 그녀를 떠났죠. 어린 시절 어머니에게 인정받기 위해 애썼던 모습이 남자친구를 상대로 반복되었던 것입니다. 혜진 씨는 처음으로 왜 나는 같은 방식으로 연애하고, 같은 상처를 받을까를 깨닫기 시작했습니다. 그리고 관계에서 버려지지 않으려고 애쓰는 것이 아니라, 진짜 자신으로 존재하는 것이 중요하다는 것을 배웠습니다.

왜 더 나아지는 것이 두려울까?

• • •

영화에서 멜빈은 자신이 겪은 상처를 방어하기 위해 다른 사람들과 감정적 거리를 둡니다. 하지만 그 때문에 더 깊은 고립에 빠집니다. 그러다 중요한 전환점이 찾아옵니다. 멜빈은 매일 가던 식당의 웨이트리스인 캐롤에게 끌리지만, 그녀가 감정을 열기 시작할 때마다 본능적으로 밀어내려 합니다. "당신을 좋아하면 내 삶이 나아질 텐데, 그게 너무 싫어요." 이 한마디는 반복강박의 본질을 정확히 보여줍니다.

멜빈은 진짜 변화를 앞두고 두려움을 느낍니다. 지금까지와는 다른 선택을 하면, 자신이 알고 있는 세상이 완전히 바뀔 수도 있기 때문이죠. 반복강박을 지닌 사람은 익숙한 패턴에서 벗어나는 순간, 강한 불안과 저항을 느낍니다. 변화는 곧 익숙한 고통을 버리는 것이고, 때때로 그것은 새로운 행복보다 더 두렵게 느껴지기도 합니다. 그러나 멜빈은 중요한 변화를 보입니다. 그는 처음으로 자신의 감정을 솔직하게 표현하고, 관계에서 도망치지 않기로 선택합니다.

반복강박의 사슬을 끊기 위해서는 용기가 필요합니다. 익숙한 패턴을 벗어나 새로운 선택을 해야 합니다. 작은 변화부터 시작해도 좋습니다. 오랜 습관이 하루아침에 바뀌지는 않으니까요. 하지만 의식적인 첫걸음이 없다면, 우리는 영원히 같은 자리를 맴돌 것입니다.

시시포스는 영원히 같은 바위를 굴려야 하지만, 우리는 바위를 내려놓을 수도, 새로운 산길을 오를 수도 있습니다. 당신이 반복해서 겪는 아픔이 있다면, 그 정체를 들여다보세요. 이 상처는 어디에서 시작되었을까? 내 영혼은 무엇을 치유하려고 같은 상처를 되풀이하는 것일까?

반복강박을 알아차리는 순간, 당신은 이미 그 굴레를 벗어날 첫발을 내딛은 것입니다. 익숙한 고통이 아닌 낯선 행복을 선택하는 용기가 필요합니다. 오늘, 당신은 어제와 같은 바위를 다시 밀어 올릴 것인가요, 아니면 새로운 길을 향해 첫걸음을 내딛을 것인가요? 바위는 더 이상 굴리지 않아도 괜찮습니다. 당신은 그 바위를 내려놓을 용기가 있으니까요.

7
허전함을 채워줄 그 무언가

"내가 만약 외로울 때면 누가 나를 위로해주지?"

이 노랫말처럼 우리는 종종 외로움과 공허함을 채워줄 무언가를 갈망하며 살아갑니다. 누군가가 나를 위로해주길 바라는 마음은 우리 모두가 공통적으로 경험하는 감정입니다. 그런데 그 누군가는 특정한 사람이 아닐 수도 있습니다. 술, 쇼핑, 일, SNS 혹은 중독적인 행동이 그 역할을 대신하기도 합니다. 반복적으로 어떤 행위에 집착하고, 그것 없이는 견딜 수 없다고 느낀다면, 그 대상은 단순한 즐거움을 넘어 방어기제로 작동하고 있는 것입니다.

중독은 단순히 어떤 것에 과도하게 몰입하는 것이 아닙니다. 중독의 본질은 고통을 마주하기 어려운 상황에서 자신을 보호하기 위해 특정한 방식으로 현실을 회피하려는 심리기제입니다. 이러한 측면에서 중독은 다양한 방어기제와 밀접한 관련이 있습니다. 억압, 분열, 투사 같은 방어기제들은 모두 중독을 강화하는 역할을 합니다. 방어기제가 외부 세계와의 관계에서 작동하는 심리적 보호 장치라면, 중독은 이러한 방어기제가 특정한 행위나 물질에 집중되는 것입니다.

영화 〈쇼퍼홀릭〉에서 주인공 베키는 예쁜 구두와 화려한 드레스를 살 때마다 마음이 설레고, 삶이 한결 빛나는 것처럼 느낍니다. 쇼핑을 하는 순간, 그녀는 자신이 원하는 사람으로 변신할 수 있을 것 같은 기대감에 사로잡힙니다.

지윤 씨도 평소 스트레스를 쇼핑으로 풉니다. 특히 자녀의 교육 문제나 직장에서 무시당했다는 기분이 들면, 충동적으로 쇼핑 앱을 열어 예쁜 옷과 화장품을 장바구니에 담습니다. 결제 버튼을 누르는 순간 그녀는 마치 인생이 새롭게 열리는 것 같은 해방감을 느낍니다. 문제는 물건이 집에 도착하면 그 기쁨은 무색할 정도로 빠르게 사라지고, 이 돈이면 아이 학원비를 낼 수 있었는데 하는 자책과 함께 더 큰 허무함이 밀려온다는 사실입니다.

지윤 씨는 금세 후회하게 될 걸 알면서도 자신이 왜 이러는지 모르겠다면 고개를 떨궜습니다. 바로 그 순간이, 그녀가 쇼핑 중독이라는 미로 속에서 길을 잃었다는 걸 직감적으로 깨달은 시점이었습니다. "나는 괜찮아. 예쁜 옷을 입으면 더 나아질 거야" 하는 믿음은 오래가지 못하고, 결국 더 많은 소비로 이어지는 악순환이 반복됩니다. 이는 부인과 합리화가 결합되어 중독적 소비로 나타난 전형적인 사례입니다. 현실의 불안과 결핍을 직면하기보다는, 물질을 통해 자신을 보호하려는 심리적 반응입니다.

중독이 말하는 마음의 언어

드라마 〈미생〉의 오 과장은 업무에 대한 강박으로 삶 전체를 일에 쏟아붓습니다. 그의 머릿속에는 일을 하지 않으면 무가치한 사람이 된다는 신념이 자리 잡고 있습니다. 이러한 워커홀릭은 처음에는 성실하고 책임감 있는 태도로 보이지만, 조금 더 깊이 들여다보면 일 없이는 자신을 긍정하지 못하는 상태입니다. 많은 직장여성들이 일에 집착하면서 인정받기를 갈망하고, 성취를 통해 자아를 채우려다 지쳐서 더 이상 견딜 수 없을 때 저를 찾아옵니다.

이는 투사와 분열의 방어기제가 결합된 형태입니다. 자신의 가치를 인정받기 위해 끊임없이 스스로를 몰아붙이지만, 사실 그들의 불안은 '나는 충분하지 않다'는 내면의 신념에서 비롯된 것입니다. 이 불안을 견디기 어려운 이들은 일을 통해 자신의 존재 가치를 확인하려 합니다. 그러나 스스로를 몰아붙일수록 점점 더 고립되고 소진됩니다. 이는 중독이 때로 자기 처벌의 형태로 나타날 수도 있음을 보여줍니다.

은혜 씨는 30대 초반이지만 알코올중독으로 병원에 입원한 전력이 있습니다. 그녀는 강박적인 어머니의 통제 속에서 자신의 감정을 충분히 표현하지 못하며 성장했습니다. 그녀가 술을 마실 때 느끼는 해방감은, 어린 시절부터 억눌려온 감정이 일시적으로 표출되는 것입니다.

이는 성숙한 방식으로 감정을 처리하는 대신, 보다 원시적이고 즉각적인 위안을 주는 행동(퇴행)으로 불안을 해소하려는 심리적 방어입니다. 또한 술에 의존하는 것은 내면의 고통을 직면하지 않으려는 억압의 방식이기도 합니다. 술이 깨면서 밀려오는 불안과 공허함은, 억눌렸던 감정이 사라진 것이 아니라 단지 감각적으로 마비되었을 뿐이라는 사실을 보여줍니다.

정희 씨는 남편이 지방 근무를 하면서 홀로 남겨진 불안과 외로움을 SNS를 통해 해소하려 했습니다. 아이가 잠든 밤이면 더욱 외로움에 여러 SNS 채널로 소통합니다. 그러다 타인의 화려한 근황이나 예쁜 사진들을 보면서 나만 초라하게 사는 듯한 자괴감이 몰려왔습니다. 더 예쁜 사진을 찍어 올리고 싶어서 옷을 새로 사고, 집 안을 깔끔하게 정리해서 보여주고, 누군가가 '좋아요'나 댓글을 달아주면 자신도 괜찮은 사람이라고 안도했습니다.

그러나 그 안정감도 길어야 몇 분이었고, 다시 다른 사람의 멋진 사진이나 반응을 보며 우울해졌습니다. 정희 씨는 마음이 계속 불안해 밤에 잠을 못 이루고, 새벽까지 휴대폰만 붙들고 있다 보니 일상 자체가 무너져버렸습니다.

희정 씨는 연애 상대가 없으면 존재감이 사라지는 듯한 불안을 느꼈고, 상대방에게 과도하게 집착하며 자신이 사랑받고 있는지를 끊임없이 확인하려고 했습니다. 이는 자기 정체성이 확립되지 않은 상태에서 외부의 인정에 과도하게 의존하는 심리 기제를 보여줍니다.

또한 그녀는 상대가 자신을 떠날 수도 있다는 불안감에 끊임없이 상대를 의심하며 집착했습니다. 이는 자신의 내면에 존재하는 불안을 상대에게 투사한 결과입니다. '나는 버려질 것이다'라는 두려움을 상대가 실제로 그렇게 행동할 것이라고 해석하며 관계를 더욱 불안하게 만들었습니다. 그녀가 원하는 것은 진정한 애착이었지만, 집착이 깊어질수록 관계는 더욱 멀어지는 역설적인 상황이 반복되었습니다.

중독은 이렇게 일상적으로 접하는 거의 모든 대상에 스며들 수 있습니다. 쇼핑, 일, 알코올, SNS, 그리고 특정인과의 관계에 이르기까지. 문제는 그 행위나 대상에 대한 통제력을 잃었을 때입니다. '이게 없으면 난 살 수 없어'라고 느끼면서, 중독 대상이 주는 순간적인 쾌감에 점차 내성이 생기는 것이죠. 처음에는 강렬하게 느껴지던 쾌감이 점차 무뎌지자, 더 많은 술, 더 많은 옷, 더 많은 업무, 더 많은 '좋아요', 더 치열한 애정 확인을 갈망합니다. 그 끝에 남는 건 더 큰 공허감과 죄책감, 그리고 감춰졌던 결핍입니다.

중독은 단순한 습관이 아닙니다. 프로이트는 중독적 행동이 개인의 무의식적 갈등과 깊이 연결되어 있다고 보았습니다. 어린 시절 충분한 애착을 경험하지 못했거나, 감정 표현이 금지된 환경에서 자란 사람들은 성인이 되어서도 자신의 감정을 직접 마주하기 어려워합니다. 그러한 경우, 감정 대신 특정한 행동이나 물질을 통해 내면의 결핍을 채우려고 합니다. 이는 억압의 방어기제가 중독으로 변형된 것입니다.

어린 시절 부모님이 감정을 충분히 받아주지 못했다면 성인이 되어서도 내면의 불안과 외로움을 제대로 다루지 못해 다른 방식으로 위안을 찾으려 할 것입니다. 이때 술, 음식, 쇼핑, 도박, 혹은 지나친 SNS 사용이 그 역할을 대신할 수 있습니다. 문제는 이러한 대체물이 원래의 감정을 해소하는 것이 아니라, 오히려 더욱 강화시키는 악순환을 만들 수 있다는 점입니다.

이유 없는 중독은 없다

그렇다면 우리는 어떻게 중독에서 벗어날 수 있을까요? 먼저 "왜 이런 행동을 반복할 수밖에 없는가?"라는 질문을 진지하게 던져봐야 합니다. 쇼핑이나 술, 혹은 일에 매달리는 동안, 내 안에는 어떤 감정이 꿈틀거리고 있는지 직면해야 합니다. 외로움,

인정 욕구, 두려움, 분노, 무력감 등 자신도 미처 인식하지 못했던 감정이 숨어 있을 것입니다. 이를테면 소파에 앉아 무의식적으로 온라인 쇼핑몰을 '새로고침' 하기 직전에 지금 '내가 외롭구나'라고 깨닫게 된다면, 그 순간 이미 갈망의 자동 스위치를 한 번 끊어내는 효과가 있습니다. 이것을 흔히 '감정에 이름 붙이기'라고 부릅니다.

짧은 멈춤만으로는 어림도 없을 만큼 중독이 심하다면, 전문적인 도움을 받아야 합니다. 중독은 복합적인 원인으로 생겨나는 병리적인 현상이기에, 혼자만의 의지로 끊기는 어렵습니다. 정신분석적 접근, 인지행동치료, 혹은 그룹 상담이나 12단계 모임 등 다양한 방법이 있는데, 각자 처한 환경과 심리 상태에 따라 중독을 끊는 방식이 달라집니다.

하지만 의지력이 약해서라고 자신을 몰아붙이지 않아야 합니다. 중독은 부끄러워서 감춰야 할 결함이 아니라, 내면의 상처를 드러내 보이는 메시지로 인식해야 합니다. 그 메시지를 해석하고 공감할 때 우리는 중독이라는 현상 뒤에 있는 진짜 원인과 마주하게 됩니다.

대안을 만드는 과정도 필요합니다. 중독을 끊으려면 순간적인 쾌감이나 안정감을 다른 방식으로 대체해야 합니다. 가벼운 산책이나 운동, 명상, 다채로운 취미 활동 등은 뇌의 보상 회로를 비교적 건강하게 자극하는 방법입니다. 물론 술 한잔이나 쇼핑 한 번이 주는 짜릿함에 비하면 무미건조하게 느껴질 수 있지만, 장기적으로는 훨씬 안정적인 만족감을 줍니다. 내가 왜 이런 것에 빠지게 되었는지를 곰곰이 들여다보면서도 지금 이 순간을 조금 더 건강하게 즐기는 법을 찾아나가는 과정은 길고도 지난한 일입니다. 하지만 그만큼 삶 전체를 새롭게 재구성하는 경험이 됩니다.

드라마 〈블랙 미러〉 '추락(Nosedive)'편의 결말부에서 주인공은 사회적 평판 시스템에서 완전히 벗어나 감옥 같은 곳에 갇히지만, 역설적으로 그제야 드러나는 진솔한 표정과 감정들은 우리에게 많은 것을 보여줍니다. 중독에서 벗어나는 것도 비슷한 과정입니다. 지금까지 우리를 매혹해왔던 달콤한 대상들을 한 번에 끊어내기란 분명 쉽지 않은 일입니다. 하지만 자신을 옭아매던 것에서 잠시 벗어나 날것의 감정과 진짜 마음을 마주하면, 그제야 비로소 나는 나대로 충분히 괜찮다는 해방감을 느낄 수 있습니다.

중독에서 벗어나는 것은 단순히 술을 끊고, 쇼핑을 그만하고, 일에서 손을 떼는 문제가 아닙니다. 그것은 내 안의 결핍을 스스로 돌보는 과정입니다. 프로이트가 말했듯이, 유년기에 충분히 채워지지 못한 욕구와 사랑받고 싶은 갈망을 인정하고, 이제는 어른이 된 내가 스스로에게 그 애정을 줄 수 있다는 사실을 받아들이는 일입니다. 그렇게 내면의 어린아이를 보살피고 나면, 외부의 대상을 통해 위로받지 않아도 마음의 평온을 유지할 수 있습니다.

이 길은 결코 짧거나 간단하지 않고, 때로는 아프고 고통스러운 진실과 대면해야 합니다. 벗어나려고 몸부림치는 동안에도 잘못된 습관을 되풀이하면서 좌절감을 느낄 수도 있습니다. 하지만 궁극적으로 우리가 향하는 곳은 더 이상 내 삶의 주도권을 다른 무언가에 빼앗기지 않는 자유입니다.

중독의 대상이 무엇이든 그 근원에는 내면의 결핍과 아픔이 있습니다. 쇼퍼홀릭 베키의 화려한 쇼핑백들, 드라마 〈미생〉 속 오 과장의 불 꺼진 사무실, 그리고 한밤중 '새로고침'을 멈추지 못하는 우리의 손가락 끝에는 모두 같은 질문이 떠돌고 있습니다.

"나는 충분히 가치 있는 사람일까?"

이 질문 앞에서 우리는 너무 오랫동안 도망쳤습니다. 술잔에, 카드 명세서에, '좋아요' 숫자에 그 대답을 맡겨왔습니다. 하지만 그 어떤 외부의 위안도 내면의 목마름을 채울 수는 없습니다. 강물은 바다에 닿아야만 쉴 수 있듯이, 우리의 영혼도 진정한 자기 자신을 마주해야만 비로소 평화를 찾을 수 있습니다.

중독은 우리의 의지력을 시험하는 시련이 아닙니다. 그것은 오랫동안 무시되어온 내면의 아이가 보내는 절실한 신호입니다.

"나를 봐줘. 나를 안아줘. 나는 여기 있어."

이 작은 목소리에 귀 기울일 때, 우리는 비로소 중독이라는 미로에서 빠져나올 실타래를 발견합니다.

오늘 밤, 당신이 손에 쥔 그 중독의 대상을 잠시 내려놓고, 거울 속 자신의 눈을 들여다보세요. 그곳에서 발견할 당신의 진짜 모습은 그 어떤 중독보다 더 강하고 아름다운 존재입니다.

8
오늘 하루를
버티게
해준 것

    우리는 살아가면서 크고 작은 상처를 받습니다. 예상치 못한 실패, 믿었던 사람과의 이별, 내 마음처럼 따라주지 않는 현실. 그때마다 무너지는 자신을 보호하기 위해 다양한 방어기제를 사용합니다. 불안을 억누르려 애쓰고, 도망치듯 회피합니다. 이렇게 하면 순간적으로는 안심이 되지만 해소되지 않은 감정들은 내면 깊숙이 쌓여 또 다른 상처를 만들어냅니다.

    그렇다면 우리는 어떻게 해야 할까요? 세상이 완벽하게 나를 이해해주지 않는다면, 삶이 때때로 너무 가혹하게 느껴진다면, 나는 무엇을 붙잡아야 할까요? 그 해답 중 하나가 감사입니다.

    멜라니 클라인은 감사는 단순한 감정이 아니라, 우리의 내면을 회복시키는 중요한 요소라고 보았습니다. 감사함을 알게 되면서 세상을 바라보는 방식이 변화할 수 있다고 말이에요. 아기는 태어나면서부터 결핍을 경험합니다. 배가 고프거나 외로울 때 울음을 터뜨리고, 어머니가 따뜻하게 반응해주면 세상을 안전한 곳으로 인식합니다. 그러나 어머니가 즉각적으로 반응하지는 못하는 순간이 있습니다. 이때 아기는 불만과 결핍을 경험합니다. 하지만 성장하면서 우리는 깨닫습니다. 세상이 완벽하지 않지만 그 안에 감사할 것이 있다고 말입니다.

어머니가 늘 완벽하게 맞춰주지는 못하지만, 나름의 방식으로 나를 사랑했습니다. 세상이 항상 내 뜻대로 흘러가지는 않지만, 여전히 따뜻한 햇살이 나를 감싸줍니다. 완벽하지 않아도 사랑받을 수 있고, 부족한 관계에서도 의미를 찾을 수 있으며, 힘든 현실에서도 작은 기쁨이 존재한다는 것을 깨닫습니다. 이것이 바로 감사의 힘입니다.

햇살 한 줄기만으로도 완벽한 하루가 될 수 있다

감사는 단순히 '고맙습니다'라고 긍정적으로 말하는 것이 아닙니다. 세상의 불완전함을 인정하면서도 그 안에서 의미를 찾는 과정입니다. 방어기제가 고통스러운 현실을 피하기 위한 수단이라면, 감사는 현실을 받아들이는 방법입니다. 우리는 늘 부족함을 느낍니다. 원하는 것을 다 가질 수 없고, 계획한 대로 일이 풀리지 않는 경우도 많습니다. 하지만 감사는 없는 것을 갈구하는 대신, 이미 있는 것들을 바라볼 수 있도록 도와줍니다.

상담실에서 만나는 사람들은 대부분 깊은 고통 속에서 살아갑니다. 어떤 이는 극심한 우울증으로, 어떤 이는 견딜 수 없는 불안으로, 또 어떤 이는 끝없는 외로움으로 힘겨워합니다. 하지만 그들과의 대화 속에서 저는 항상 작은 희망의 씨앗을 발견합니다. 그들은 여전히 삶을 향해 한 걸음을 내딛고 있기 때문이죠.

"선생님, 오늘 나오기 싫었는데, 집 밖을 나섰더니 햇살이 참 좋더라구요. 그냥 눈물이 났어요. 뭔지 모르지만 울컥하면서 감사하는 마음이 들었어요. 얼마 만에 이런 기분을 느꼈는지 모르겠어요."

아주 오랫동안 우울증을 앓던 사람이 어느 날 들려준 이 이야기에 저도 울컥했습니다. 감사란 거창한 것이 아닙니다. 그저 작은 일상의 순간에서 생명의 숨결을 느끼는 것입니다. 우리는 모두 유한한 존재입니다. 언젠가 맞이할 이별과 상실, 돌이킬 수 없는 시간 속에서 때때로 삶의 의미를 잃곤 합니다. 그러나 모든 것이 유한하기에 지금 이 순간이 얼마나 소중한지 깨닫게 됩니다.

우리는 방어기제를 통해 자신을 보호하지만, 그만큼 현실에서 더욱 멀어집니다. 하지만 감사는 현실을 왜곡하거나 부정하지 않습니다. 오히려 불완전한 세상과 나 자신을 받아들이게 합니다. 감사하는 마음을 가질 때, 우리는 더 이상 방어기제 속에 갇히지 않습니다.

감사는 우리의 시선을 바꾸는 힘입니다. 고통 속에서도 의미를 발견하고, 실패를 통해서도 배웁니다. 감사는 우리가 불완전한 현실에서 희망을 발견하는 렌즈입니다. 하루 동안 감사했던 일을 3가지 적어보세요. 처음에는 대부분 어려워합니다. 감사할 일이 없다고 말합니다. 하지만 조금씩 연습하다 보면 놀라운 변화가 일어납니다. 감사한 것들이 하나둘씩 보이기 시작하는 것입니다.

감사한 것투성이인 삶

"오늘은 제가 정류장에 도착하자마자 버스가 왔어요."
"점심에 맛있는 김치찌개를 먹었어요."
"퇴근길에 예쁜 노을을 봤어요."

이런 작은 순간들이 모여 하루가 됩니다. 그리고 이런 순간들을 알아차리는 것부터 치유의 시작입니다.

물론 감사함을 느낀다고 해서 모든 문제가 해결되지는 않습니다. 우울증이 있다면 여전히 전문적인 치료가 필요하고, 현실을 헤쳐나가야 합니다. 다만 감사는 우리에게 그 과정을 견딜 수 있는 힘을 줍니다. 감사는 우리가 완전히 혼자가 아니라는 것을, 우리의 삶이 여전히 의미 있다는 것을 상기시켜줍니다.

'나는 오늘 하루, 무엇에 감사했는가?'

이 질문은 우리를 조금 더 깊은 곳으로 인도합니다. 나의 존재 자체에 대한 감사, 나를 사랑해주는 사람들에 대한 감사, 내가 사랑할 수 있는 능력에 대한 감사로 이어집니다. 우리가 숨쉬고 있다는 것, 느끼고 있다는 것, 사랑할 수 있다는 것에 감사하는 마음이 한 걸음 더 나아가게 합니다. 완벽하지 않아도, 부족해도, 때로는 넘어져도, 우리는 여전히 살아갈 힘을 가지고 있습니다. 그 힘은 바로 감사라는 작은 씨앗에서 시작됩니다.

어둠 속에서도 별빛은 빛납니다. 깊은 상처 속에서도 치유의 봄은 찾아옵니다. 삶의 가장 깊은 골짜기에서 우리는 종종 가장 순수한 감사를 발견합니다. 빗방울 하나, 미소 하나, 따스한 손길 하나가 우리 영혼에 스며들 때, 우리는 다시 숨을 쉴 수 있습니다.

살다 보면 불완전한 현실 앞에서 주저앉고 싶은 순간이 있습니다. 원하는 만큼 사랑받지 못한 것 같고, 기대했던 일들이 뜻대로 풀리지 않을 때도 있습니다. 그럴 때 감사는 우리에게 이렇게 속삭입니다.

"그래도 살아갈 이유는 충분해."

감사는 우리를 단단히 붙잡아주는 보이지 않는 실과 같습니다. 그 실이 우리의 상처를 꿰매고, 부서진 마음을 다시 이어줍니다. 감사는 세상을 견디는 힘이라기보다 세상을 더 아름답게 바라보는 힘입니다. 모든 아침이 새로운 시작이듯, 모든 감사는 새로운 희망의 문을 열어줍니다.

　이것이 삶의 진정한 아름다움입니다. 불완전함 속에서도 완전한 순간을, 어둠 속에서도 찬란한 빛을, 상실 속에서도 영원한 사랑을 발견하는 감사의 여정. 그렇게 우리는 다시 한 걸음, 또 한 걸음 앞으로 나아갑니다.

9
결국은
적절함의
문제

　세상은 늘 예측 불가능한 사건과 복잡한 인간관계로 가득 차 있고, 우리의 마음이 언제나 평온하기를 기대하기는 어렵습니다. 시시때때로 불안을 느끼고, 상처를 받으며, 지친 마음을 기댈 무언가를 찾습니다. 이런 현실에서 나를 지키는 무의식적인 심리 장치가 방어기제입니다. 내 마음을 보호하는 작은 방패인 셈이죠. 언뜻 유치하거나 위험해 보일 수도 있지만, 지나치지 않다면 상처받은 내면을 회복시키고 관계에서 완전히 무너져 내리지 않도록 막아줍니다.

　우리의 단군신화에서도 방어기제를 찾아볼 수 있습니다. 곰과 호랑이가 사람이 되기를 소망하며 동굴에 들어가는 이야기는 얼핏 보면 단순하게 곰은 참아내고 호랑이는 참지 못했다는 인내심의 문제로 보입니다. 하지만 호랑이는 자신이 이런 굴 속에 틀어박혀 있을 존재가 아니라고 느꼈을 수도 있습니다. 호랑이는 자신이 감당하기 어려운 고통을 견뎌야 한다는 현실을 부정했고, 곰은 그 현실을 수용하며 끝까지 버틴 사람이 되었습니다. 곰의 방식은 억제 혹은 승화에 가깝고, 호랑이의 행위는 도피 혹은 부인에 가까워 보입니다. 호랑이는 현실적으로 불가능한 일들을 외면하고 도망침으로써 마음의 안정을 찾으려 했습니다.

자기 자신을 지키려고 그랬던 것

장르 문학의 고전 가운데 하나인 《프랑켄슈타인》(메리 셸리)에서 괴물을 창조한 빅터 프랑켄슈타인 박사의 심리를 들여다볼까요? 그는 자신의 피조물이 흉측한 모습을 띠고, 인간에게 악행까지 벌이자 곧바로 괴물은 태생부터 악하다고 몰아세웁니다. 그러나 실제로 괴물은 세상에 태어나 처음에는 사랑과 온기를 갈구했지만 계속 배척되면서 인간에게 적대적인 태도를 갖게 되었습니다.

빅터는 자기가 만들어낸 피조물에 대한 책임감, 그로부터 촉발된 죄책감을 감당할 수 없게 된 나머지 '너는 악이야'라고 단정 지어 스스로를 방어합니다. 이는 일종의 분열과 투사입니다. 피조물이 가지고 있던 선한 면을 애써 외면(분열)하고, 문제의 원인을 전적으로 괴물에게 돌려(투사), 자신의 잘못된 선택이나 책임을 외면하는 심리입니다. 빅터는 자신도 희생자라는 인식으로 자신을 보호하려 했지만, 결과적으로 더 큰 비극을 야기합니다.

심리적 방어기제가 없으면 인간은 감당할 수 없는 고통에 휘말릴 것입니다. 누군가를 온전히 사랑한다는 것은 동시에 그에게서 상처받을 위험을 감수하는 것이고, 열정을 다하다 보면 실패와 굴욕을 감내해야 합니다. 그런데 이러한 불확실성과 고통을 있는 그대로 맞닥뜨리기는 결코 쉽지 않습니다. 그래서 '나는 안전해야 해', '나는 보호받아야 해'라는 무의식적인 신호가 다양한 방식으로 표현되는 것입니다.

누군가는 우울과 무력감이 밀려올 때 합리화를 통해 자존감을 지켜냅니다. 내가 이 프로젝트를 망친 건 사실 준비 기간이 너무 짧았고, 상황이 좋지 않았기 때문이라고 외부 요인을 탓함으로써 심리적 평형을 유지합니다.

그렇다면 심리적 방어기제가 무조건 좋은 것일까요? 그렇지는 않습니다. 지나치거나 왜곡되면 오히려 파멸적인 결과를 낳기도 합니다. 분열이 극단적으로 작동하여 누군가를 세상에서 가장 뛰어난 존재로 이상화하거나, 반대로 조그마한 실망에도 완전히 나쁜 인간으로 매도해버리죠. 이런 태도로는 건강한 관계를 맺기 어렵습니다. 도피나 부인이 지나치면 현실 검증이 전혀 이루어지지 않아, 자신의 문제나 상황을 개선할 기회조차 얻지 못합니다. 더 큰 위기가 닥쳤을 때는 아무런 대처를 하지 못한 채 상황이 악화되고 말죠.

결국 적절함의 문제입니다. 백신은 독성을 약화시킨 바이러스이듯이, 방어기제는 극단적 불안을 약화해 마음의 안정을 가져다주는 심리적 백신입니다. 백신이 아주 약하게 작용할 때는 면역 효과가 떨어지고, 지나치게 강하면 부작용이 심해집니다. 이처럼 방어기제도 너무 약하면 불안에 그대로 노출되어 무너질 수 있고, 지나치면 현실과 심각하게 괴리될 위험이 커집니다. 그렇기에 심리적 성숙이란 내게 필요한 방어기제가 무엇인지, 그것이 지금 어느 정도 수준으로 작동하는지 자각하고 조절해가는 과정입니다.

다 괜찮을 수도, 다 나쁠 수도 없다

드라마 〈나의 아저씨〉에서 박동훈은 회사에서 무시당하고, 가정에서도 애정을 느끼지 못하지만, 외부에는 거의 내색을 하지 않습니다. 차분해 보이지만 사실상 '나는 괜찮다'라고 억지로 버티고 있는 것이죠. 반면 이지안은 세상에 대한 깊은 불신 속에서 모든 사람들을 잠재적인 적으로 간주합니다. 다정한 접근에도 쉽게 마음을 열지 않죠. 그녀에게는 공격성이 담긴 투사 기제가 작동하는 듯 보입니다.

그런 두 인물이 서로에게 영향을 주고받으며 조금씩 마음의 문을 엽니다. 박동훈은 자기 내면의 슬픔을 인정하기 시작하고, 이지안은 세상에 좋은 사람도 있다는 것을 받아들입니다. 한쪽의 과도한 '괜찮다'와, 다른 한쪽의 '다 적이야'라는 심리가 서서히 약해지면서, 점차 화해와 회복으로 나아갑니다. 그리고 마지막 장면에 그 유명한 대사가 나오죠. "지안, 평안에 이르렀는가?"

나약한 마음을 숨기고 싶고, 충격적인 경험을 받아들이지 못해 현실을 부인하고 싶은 것은 자연스러운 심리입니다. 하지만 이것은 임시 대피소일 뿐 영원한 안식처가 될 수는 없습니다. 적당한 휴식을 취하면 다시 밖으로 나와 현실의 바람을 맞으며 걸어가야 합니다. "사실 내게도 책임이 있다", "그 사람도 나름의 아픔이 있었다", "나만 억울한 줄 알았는데, 알고 보니 그렇지도 않네" 하고 깨닫는 순간, 우리는 좀 더 정직하게 자신과 타인을 볼 수 있습니다.

삶은 숲속을 걷는 여행과 같습니다. 때로는 캄캄한 그림자가 드리우고, 날카로운 가시가 발을 찌르며, 갑자기 폭풍우가 몰아칩니다. 그럴 때면 우리는 작은 우산을 쓰고, 붕대를 상처로 감싸고, 희미한 등불을 밝히며 어둠 속을 걸어갑니다. 그러나 진정으로 성장하려면 우산 없이 비를 맞으며 걸어갈 수 있는 용기도 필요합니다. 이러한 심리적 방어기제를 허물 때 비로소 타인의 목소리가 진실되게 들리고, 자신의 마음도 솔직하게 외칠 수 있습니다.

"나도 아파. 나도 두려워. 하지만 그래도 괜찮아."

그리고 그 너머에서, 마침내 진정한 자신을 만나게 됩니다. 장막이 걷히고, 아침 햇살처럼 따스한 자기 수용의 빛이 내면을 비출 때, 비로소 고통의 순간에도 온전히 깨어 있을 수 있습니다.

기대려고 하면 버겁고
떨어지자고 하니 마음이 약해지는 관계.
내가 사라질 정도의 친밀감이 아니라
온전하게 나를 지키면서도
적절하게 이어질 수 있는 관계의 온도
노력하되 애쓰지 않아도 되는 관계의 밀도를 찾는다.

Part 3
나 자체로 살아가기 위한 선택

1
그렇게
온전한
내가 된다

일본 영화 〈그렇게 아버지가 된다〉는 부모가 자녀에게 부여하는 역할에 대해 강렬한 질문을 던집니다. 영화는 출생 후 뒤바뀐 아이를 6년 동안 키우다 뒤늦게 친자식을 찾아가는 두 가정의 이야기를 다룹니다. 주인공 료타는 엘리트 사업가로, 자신의 아들에게도 완벽한 성취를 기대합니다. 그는 아들이 성과를 내지 못하면 실망하고, 내 아들이니까 훌륭해야 한다고 생각합니다.

하지만 친자식이 아닌 아이를 6년 동안 키워왔다는 사실을 알게 되면서, 그는 '부모와 자식의 관계란 무엇인가?'라는 질문에 맞닥뜨립니다. 피를 나눈 친자식보다 오히려 함께한 시간 속에서 쌓인 애정이 더 중요하다는 사실을 깨닫게 되죠. 이 영화는 부모가 자녀에게 부여하는 역할이 과연 누구를 위한 것인지 묻습니다. 결국 료타는 기존의 틀에서 벗어나 부모와 자식의 관계를 새롭게 정의합니다.

부모는 처음으로 나를 바라본 눈길이었고, 내 울음소리에 가장 먼저 대답한 목소리였습니다. 그 품 안에서 우리는 사랑받고, 이해받고, 때로는 통제받고, 간혹 상처받으며 자랐습니다. 부모는 자녀에게 사랑과 보호를 제공하는 최초의 존재이지만, 때때로 그 사랑에 조건이 붙기도 합니다. 무조건적인 애정이 필요한 아이가 부모의 자랑거리가 되어야 하는 트로피로 전락할 때, 아이의 내면에는 깊은 상처가 새겨집니다.

내 삶의 이야기에서 내가 조연이라면

"제가 왜 이렇게 사람들의 기분만 살피다가 지쳐버리는지 모르겠어요."

나무 씨는 한숨을 내쉬며 말했습니다. 어린 시절 아버지는 가족을 향해 종종 분노와 불만을 쏟아냈고, 그 화살의 종착지는 언제나 나무 씨였습니다. 그녀가 아버지의 분노를 잘 참아내면 다른 가족들은 조금은 자유로웠습니다. 어린 나무 씨가 이유 없이 매를 맞을 때, 어머니와 할머니도 그녀를 지켜주지 않았습니다. 아버지의 매질이 끝나면 할머니는 겨우 그녀의 등을 어루만지며 "에구, 이렇게 어린 것을……"이라고 안타까워할 뿐이었습니다. 나무 씨는 "내가 희생해야 가족이 편해진다"는 믿음을 내면화했습니다. 그것이 부모가 부여한 역할이었고, 가족이 유지되려면 자신이 그 역할을 감수해야 한다고 생각했습니다. 그녀는 가족 내에서 희생양의 역할을 맡은 것입니다.

반면 희진 씨는 성과주의 부모 밑에서 자랐습니다. 어머니는 각종 대회나 시험에서 상을 타야만 환하게 웃으며 "우리 딸이 최고야"라고 외쳤습니다. 열 살 무렵, 피아노 콩쿠르에서 상을 받았을 때 어머니의 자랑스러운 표정을 보고 자신의 존재 가치가 증명되었다고 확신했습니다. 피아노 전공으로 좋은 대학에 입학했을 때 그녀는 어머니의 자랑거리였습니다. 어머니를 위해 피아노를 치는 것이 아닌가 싶을 때도 있었지만 묵묵히 견뎌냈습니다. 그러나 더 이상 피아니스트로 성공하지 못했을 때 실망의 눈빛을 보내는 어머니를 보고 그동안 마음에 새겨두었던 한마디를 내뱉고 말았죠.

"엄마한테 나는 사람들 앞에서 자랑하기 위해 필요한 딸일 뿐이지?"

희생양과 트로피는 겉보기에는 정반대이지만, 사실 같은 뿌리를 공유합니다. 부모가 오로지 자신들의 감정이나 욕구 충족을 위해 자녀를 이용한다는 점입니다. 희생양이 된 아이는 부모의 불안과 분노를 대신 짊어지고, 트로피가 된 아이는 부모를 위해 자랑거리를 제공해야 합니다. 아이는 사랑과 인정을 받기 위해 부모가 부여한 역할을 떠안을 수밖에 없고, 조건부 사랑

속에서 불안하게 살아갑니다.

희생양으로 자란 아이는 모든 것을 자기 탓으로 돌리며 갈등을 해결하려 애쓰다 보니 정작 자신의 욕구는 외면합니다. 트로피로 자란 아이는 부모가 원하는 것을 해야만 사랑받을 수 있다는 압박감에 시달린 나머지 실패를 용납하지 못합니다. 이들의 공통점은 내 인생이 아닌 것 같다는 공허함을 안고 살아가는 것입니다. 부모가 강제로 떠넘긴 역할에 갇혀 자유롭게 꿈꾸고 실패할 용기조차 낼 수 없습니다.

어떤 자녀도 부모의 문제를 대신 해결해줄 필요는 없습니다. 가족의 분노나 고통을 오롯이 짊어지는 것은 결코 당연한 일이 아닙니다. 원래 내 몫이 아님을 깨달아야 합니다. 성과를 내지 못하면 사랑받을 자격이 없다는 믿음도 재검토해야 합니다. 부모가 실망하고 비난할지라도 자신의 존재 가치를 부정해서는 안 됩니다. 성취를 멈춰도 괜찮다는 것을 스스로에게 허용하고, 내가 진정으로 원하는 것이 무엇인지 찾는 연습이 필요합니다.

역할에서 벗어난다는 것은 부모를 부정하거나 단절한다는 의미가 아닙니다. 이제부터는 내 삶을 스스로 책임지겠다는 결심이자, 내가 원하지 않는 역할임을 인정하는 일입니다. 그 틈에서 부모와의 갈등이 일어날 수도 있습니다. 희생양 역할을 거부하면 부모는 의아해하고, 반짝이는 트로피가 사라지면 절망할 것입니다. 그러나 여기서부터 진정한 성인이 되는 길이 열립니다. 부모가 나를 어떻게 바라보는지와 상관없이, 나 자신을 존중하겠다는 선언이야말로 스스로의 삶을 되찾는 첫걸음입니다.

'내가 주인공이야'라고 말하는 순간
. . .

"그동안 엄마 아빠가 원하는 모습으로 살려고 애썼지만, 이제는 나 스스로 살아보고 싶어."

"내가 잘하든 못 하든 있는 그대로 사랑해주길 바라."

이런 선언과 대화를 계기로 부모는 당장 바뀌지는 않더라도 자녀가 짊어온 불안을 조금은 깨달을 수 있습니다. 부모가 전혀 수용하지 못하더라도, 이제 그 역할을 그만두겠다고 선언한 것만으로 의미 있는 전환점이 됩니다.

부모에게 맞춰서 살아온 어린 시절을 후회하거나, 앞으로 어떻게 살아야 할지 막막함을 느낄 수도 있습니다. 하지만 지금부터라도 스스로 선택해야 합니다. 부모가 부여한 역할을 내려놓고, 스스로에게 지지와 격려를 보내는 연습부터 해보세요. 그래야만 부모도 더 이상 자녀에게 희생양과 트로피의 역할을 강요할 수 없음을 알게 됩니다.

어떤 부모는 자녀를 평생 보살펴야 할 아기로, 혹은 인생의 투자처로 여기며 구속하기도 합니다. 부모가 아이에게 전가하는 욕망이나 불안을 분별하고, 성인이 되어서는 스스로의 삶을 선택하는 주체가 되는 것이 중요합니다.

우리는 유리 상자 속 전시품도, 가족의 상처를 감싸는 붕대도 아닙니다. 오랜 세월 부모의 시선으로 자신을 바라보며 살아왔다면, 이제는 스스로의 눈으로 세상을 볼 용기가 필요합니다. 어린 시절에 갈망했던 무조건적인 사랑을 이제는 스스로에게 건넬 때입니다. 누군가의 희생양이나 트로피로 살아온 길 위에 떨어진 작은 눈물들을 기억하되, 이제는 그 눈물로 새로운 나를 피워낼 수 있음을 믿어보세요.

우리 삶의 가장 아름다운 순간은 타인의 박수갈채나 인정이 아닌, 온전히 자신의 목소리로 이것이 내가 원하는 삶이라고 말할 수 있을 때 비로소 찾아옵니다. 한 걸음 한 걸음 내딛는 여정 속에서 부모가 써 내려간 서문이 아닌, 온전히 내가 주인공인 이야기를 써나갈 수 있습니다.

2
'너를 위해서'라는 말의 무게

워킹맘인 수아 씨는 회사에서 팀장으로 인정받고, 두 아이를 키우며 바쁘게 하루를 보내지만, 밤이 되면 자신이 무너지는 느낌을 받는다고 합니다. 어릴 적 엄마는 아버지와 갈등이 깊어질 때마다 수아 씨에게 입버릇처럼 같이 죽어버리자고 말했습니다. 수아 씨는 엄마의 남편이자 딸이자 친구 역할을 해야 했습니다. 결혼 후에도 엄마는 모두 잠든 새벽에 갑자기 집으로 찾아와 아버지랑은 못 살겠다고 하소연했습니다.

수아 씨는 엄마의 이야기를 들어주고 엄마가 부르면 어디든 달려갔습니다. 하지만 딸이 도움을 필요로 할 때 정작 엄마는 외면했습니다. 그런 수아 씨를 보다 못한 남편이 말했습니다. "당신 어머니한테 그만해도 돼. 할 만큼 했어." 남편의 말에 처음에는 죄책감을 느꼈던 수아 씨는 상담을 받으면서 자신이 왜 그렇게까지 엄마의 요구를 들어주며 살아왔는지 돌아보기 시작했습니다. 어린 시절 그녀는 엄마를 달래주어야만 집안이 평화로웠고, 엄마의 요구를 들어주어야만 좋은 딸이 될 수 있음을 깨달았습니다.

미진 씨는 성장기에 아픈 엄마를 돌봐야 했고, 엄마가 돌아가시고 아버지가 재혼하고 나서는 새어머니와 남동생들까지 챙겼습니다. 어릴 적부터 집안일을 도맡았고, 대학 대신 직장에 들어가서 번 돈 대부분을 부모님께 드렸습니다. 그러나 새어머니는 그녀를 따뜻하게 바라본 적이 없습니다. 미진 씨는 말합니다.

"새엄마라도 엄마잖아요. 엄마가 차려준 따뜻한 밥 한 번 먹어보고 싶어요."

'너를 위해서'는 사실 '너 때문이야'

심리학자 수잔 포워드는 '독이 되는 부모'가 자녀의 자존감과 삶의 질에 얼마나 치명적인 영향을 끼치는지 강조합니다. 독이 되는 부모의 전형적인 행태는 통제와 비난, 그리고 자녀를 인정하지 않는 것입니다. 아이가 무언가를 해도 '네가 뭘 안다고'라며 무시하고, 부모가 원하는 대로 움직이지 않으면 '다 너를 위해 그런 거야'라며 죄책감을 심어줍니다.

아이는 부모가 원하는 대로 하면 사랑받을 수 있다는 희망과 그렇지 않으면 나쁜 아이가 된다는 두려움을 동시에 품게 됩니다. 그렇게 자란 아이는 성인이 되어서도 부모의 비난에 민감하고, 부모가 조금만 불편해해도 자신이 뭔가 잘못한 건 아닐까 살핍니다. 이것은 사랑이 아니라 부모 자신의 결핍과 불안을 자녀에게 투사하는 것입니다.

어떤 부모는 폭언이나 폭력을 직접 행사하지 않아도, 침묵과 냉대로 자녀를 통제합니다. 아이가 힘든 일을 털어놓을 때마다 네가 너무 예민해서 그렇다고 치부하거나 별문제 아니라고 무시합니다. 이것이 반복되면 아이는 자기감정을 억압하고, 자신의 고통을 부정하거나 자신의 탓으로 돌립니다.

드라마 〈SKY 캐슬〉에는 자녀를 성공의 도구처럼 여기는 부모가 등장합니다. 그중 한 어머니는 "다 널 위해서 이러는 거야. 네가 최고가 되어야 해"라며 아이를 극도로 몰아붙입니다. 이 엄마에게 아이의 실패는 용납할 수 없는 죄악이었고, 아이가 감정을 표현하거나 어려움을 털어놓을 여지를 주지 않았습니다. 다 자녀를 위해서라는 명분으로 통제와 비난을 이어가지만, 정작 자녀가 힘들다고 호소하면 너무 예민하다며 귀를 막아버립니다.

독이 되는 부모의 또 다른 특징은, 자신의 행동을 합리화하며 아이가 느끼는 상처를 인정하지 않는다는 점입니다. "이게 그렇게 큰일이야?", "나는 네 아빠랑 사는 게 끔찍해도 다 너를 위해 참아왔는데"라는 말로 자녀를 침묵하게 만듭니다.

독이 되는 부모는 자신들의 잘못을 인정하기가 매우 어렵습니다. 부모의 태도가 바뀔 가능성은 크지 않다는 것입니다. 그래서 많은 심리전문가들은 부모의 사과를 기다리지 말라고 조언합니다. 부모가 사과해야 자신의 고통을 증명할 수 있는데, 그것이 이루어지지 않으면 또 다른 고통에 빠질 테니까요.

한 걸음 멀어지는 연습

우리는 부모의 사과 없이도 스스로를 치유할 수 있습니다. 우선 내가 받은 상처를 부정하지 말고, 그때 정말 힘들었다고 인정해야 합니다. 부모의 행복과 감정은 내가 책임질 일이 아님을 지속적으로 상기해야 합니다. 지금까지는 부모의 감정에 휘둘려왔다 하더라도, 이제는 경계를 설정하고 내 몫이 아닌 일은 떠안지 않을 결심이 필요합니다.

수아 씨는 이러한 연습을 통해 새벽에 걸려오는 어머니의 전화를 받지 않거나, 통화 중 비난이 시작되면 전화를 끊을 수 있게 되었습니다. 처음에는 죄책감에 시달렸지만, 시간이 지나면서 내가 엄마를 돌보지 않아도 엄마는 어떻게든 살아간다는 사실을 깨닫게 되었습니다. 스스로에게 사랑과 위안을 건네는 과정도 필요합니다.

미진 씨는 새어머니에게 따뜻함을 느끼지 못했던 과거를 떠올리면서, 자신이 원했던 건 딸로서 사랑받는 느낌이었음을 자각했습니다. 어머니가 밥 한 끼를 차려주길 바랐지만, 그럴 가능성이 없어도 괜찮습니다. 자신이 기대했던 모습을 어머니가 보여주지 않아도 잘 살아갈 수 있다는 사실을 기억하는 것이 중요합니다.

물론 부모와 완전히 절연할 수는 없습니다. 그러나 반드시 가깝게 지낼 필요도 없습니다. 다만 자신의 감정을 지키기 위해 적절한 거리를 두세요. 부모가 바뀌기를 기대하기보다는 자신이 바뀌면 됩니다.

당신은 사랑이라는 이름의 독을 마시며 자랐지만, 그 속에서도 꺾이지 않았습니다. 부모가 바뀌기를 기다리는 일은 마치 메마른 사막에서 비를 기다리는 것과 같습니다. 그 기다림이 헛되더라도, 당신은 내면에 샘솟는 치유의 물로 스스로를 적실 수 있습니다.

오늘, 거울 속 자신을 바라보며 말해보세요. 그 모든 폭풍 속에서도 나는 나를 지켜냈다고.

3
늘 돌아갈 곳이 있다는 안도감

어느 날 거울 속에서 어머니의 얼굴을 발견했습니다. 눈가에 새겨진 잔주름, 한없이 말라가는 목선, 그리고 깊어진 눈매까지. 내 얼굴에 엄마의 얼굴이 새겨지고 있다는 사실을 깨닫는 순간 세월이 많이 흘렀음을 새삼 느낍니다. 엄마의 딸로 자랐던 시간이 아득하게 느껴지고, 이제는 엄마를 돌봐야 하는 보호자가 되었습니다. 엄마의 머리카락은 어느새 은빛으로 가득하고, 손등의 핏줄은 작은 나뭇가지처럼 튀어나와 있습니다. 한때 세상을 강인하게 헤쳐 나가던 그 손은 이제 조금만 힘을 줘도 떨립니다. 그 손을 잡으면 마음 한구석이 먹먹해집니다. "언제 이렇게 늙으셨을까." 마치 한겨울 서리처럼 삶은 엄마와 저의 몸에 흔적을 남겨왔습니다.

엄마는 늘 저의 배경이었습니다. 어릴 적 내가 넘어져 울음을 터뜨리고 있을 때 나의 눈물과 함께 흙투성이 무릎을 닦아주던 사람이 엄마였습니다. 학교에서 친구들과 다투고 오던 날, 말없이 등을 쓰다듬어주던 손길도 엄마였습니다. 엄마는 저의 삶을 이루는 풍경이었습니다. 눈에 보이진 않지만, 내 모든 순간을 감싸고 있던 공기 같은 존재였습니다.

하지만 아이였던 저는 그 공기의 귀함을 몰랐습니다. 엄마는 늘 거기 있으리라 믿었습니다. 그 믿음은 너무도 단단해서 어른이 되어서도 종종 엄마를 의지하곤 했습니다. 직장에서 힘든 하루를 보내고 돌아와 엄마에게 하소연합니다. "엄마, 나 너무 힘들어." 그러면 엄마는 늘 같은 말을 했습니다.

"밥 해줄게. 밥 먹어. 그리고 그냥 푹 쉬어. 아무 생각 말고."

돌아갈 곳이 있다면 영원히 헤맬 일도 없다
...

엄마의 말은 특별하지 않았지만, 그 단순함과 엄마가 지어주신 밥이 저에게는 위로였습니다. 저는 엄마를 통해 늘 돌아갈 곳이 있다는 사실을 배웠습니다. 삶이 버겁고 길을 잃은 듯한 순간에도 엄마가 있는 곳은 언제나 저의 집이었습니다.

글씨를 보려고 눈을 찡그리며 애쓰는 모습, 몇 걸음 떼지도 않은 것 같은데 잠시 쉬자며 산책을 멈추는 모습, 좋아하시던 음식도 제대로 못 드시는 모습을 보면 가슴이 시큰합니다.

한때 삶의 모든 무게를 감당하던 엄마가 이제는 저의 손을 잡고 길을 걸으며 의지하려 하십니다. 어릴 적 엄마가 내 손을 잡고 병원에 데려가던 기억이 떠오릅니다. 이제는 반대가 되었습니다. 더 이상 혼자 설 수 없을 만큼 세월은 엄마의 몸과 마음을 약하게 만들었습니다.

유난히 무더웠던 여름, 퇴근하고 집에 들어서면서 저는 말했습니다.

"엄마, 에어컨 틀어도 전기세 많이 안 나와."

"그냥 참을 만하다."

에어컨을 켜라, 마라 실랑이를 벌이다 보니 어느새 가을입니다. 엄마는 베란다 밖을 바라보며 말씀하십니다.

"여름이 이렇게 갔네……. 또 한 계절이 가는구나."

엄마와 저는 몇 번이나 더 이런 계절을 함께 보낼 수 있을까요?

엄마는 저에게 세상의 모든 것을 가르쳐주셨지만, 한 가지만은 가르쳐줄 수 없었습니다. 바로 엄마를 떠나보내는 법입니다. 엄마는 언젠가 제 곁을 떠나실 것입니다. 그것이 삶의 법칙이라는 것을 저는 알고 있습니다. 그러나 그 이별의 준비란, 시간을 두고 천천히 이뤄지는 것이 아니라, 사랑 속에서 매 순간 이루어지는 일입니다. 엄마의 손을 잡을 때, 엄마와 함께 저녁을 먹을 때, 엄마와 나눈 사소한 대화들 속에서 저는 차차 엄마를 떠나보낼 준비를 하고 있습니다.

세상을 다 주고도 더 주고 싶은 마음

• • •

엄마와 딸의 관계는 한 번의 완성으로 끝나는 것이 아닙니다. 그것은 세대를 넘어 이어지는 순환입니다. 저는 엄마에게서 사랑을 배우고, 그 사랑으로 다른 사람을 사랑합니다. 엄마는 제게 삶에서 가장 중요한 것들을 가르쳐주셨고, 이제는 제가 엄마를 어루만질 시간입니다. 엄마의 마지막 걸음이 가까워질수록, 저는 더 자주 엄마를 안아드리고, 함께 울고 웃으려 합니다. 그것이 '떠나보낼 준비를 한다'는 말의 의미일지도 모릅니다.

언젠가는 이별을 생각하면 지금 곁에 있는 사람을 더 애틋하게 바라보게 됩니다. 우리는 사랑하는 사람을 언젠가 떠나보내야 합니다. 이별의 준비는 어려운 것이 아닙니다. 함께 있는 오늘을 더욱 다정히 살아내는 데서 시작됩니다. 지금 엄마와 함께 걷는 길이 조금 느려도, 엄마의 잔소리가 길어져도, 같은 이야기가 반복되어도, 그 하루를 고이 품어주세요. 그 속에 담긴 사랑은 사라지지 않고, 당신 안에 오래도록 남을 것입니다.

이별을 두려워하지 말고 사랑하는 사람을 더욱 사랑하세요. 그것이 이별을 가장 온전히 준비하는 방법입니다. 언젠가 그 시간이 왔을 때 당신은 아마 알게 될 것입니다. 그 수많은 사소한 순간들이 얼마나 소중했는지, 그 사람의 존재가 당신 안에 얼마나 깊이 자리하고 있었는지를요.

엄마가 떠난 뒤 여름 어느 날, 에어컨 리모컨을 들 때마다 그 소소했던 실랑이가 얼마나 큰 사랑이었는지를 깨닫게 될 것입니다. 그러니 오늘은 조금 더 따뜻하게 말을 건네고, 조금 더 천천히 함께 걷고, 조금 더 오래 손을 잡아보세요.

4
언제든 달려와 붙잡아줄 거라는 믿음

　제게는 오래된 흑백사진 한 장이 있습니다. 낡은 집 마루에 앉은 젊디젊은 아버지와, 하얀색 여름옷을 입은 이제 갓 돌이 지난 듯한 아기가 있습니다. 여름날 오후였는지 마루에는 햇빛이 쏟아졌습니다. 저는 굵은 팔뚝의 아버지 손바닥 위에 마치 인형처럼 서 있습니다. 평소에는 잘 웃지 않으시던 아버지였지만 그때 아버지의 눈은 저를 보며 웃고 있습니다. 흑백사진 속에서 아버지와 저는 참 행복해 보입니다.

　아버지는 제게 든든한 바위와 같았습니다. 무뚝뚝하고, 말수도 적고, 세심하지 않았지만 참 넓고 따뜻한 아버지로 기억됩니다.

　정지아 작가의 소설 《아버지의 해방일지》를 보면, 아버지라는 존재가 얼마나 딸의 삶 구석구석에 자리하고 있는지 실감합니다. "하지만 우린 그를 '아버지'라 부르며 그 이름에 담긴 무게를 견뎌왔다"라는 짧은 문장이 그것을 말해줍니다. 아버지라는 이름에는 흔히 보호자와 권위자의 이미지가 공존하지만, 때로는 폭력의 기억과 상처가 함께 스며 있기도 합니다. 그렇기에 어떤 딸은 아버지에 대한 깊은 원망과 두려움을 떨쳐내지 못합니다.

어떤 모임에서 만난 사람이 아버지를 회고하던 이야기가 떠오릅니다.

> 내가 초등학교 3학년쯤이었다. 엄마는 늦은 밤까지 일했고, 아버지는 술에 취해 집으로 돌아오곤 했다. 문이 열리는 소리가 들릴 때마다 가슴이 철렁 내려앉았다. 신발을 가지런히 놓았는지, 방이 어질러져 있지는 않은지, 작은 실수 하나가 어떤 분노를 불러올지 몰랐기 때문이다. 그날도 마찬가지였다. 이리 와보라는 아버지의 낮은 목소리가 거실에서 들려왔다. 나는 본능적으로 몸을 움츠렸다. 다가가지 않으면 더 화를 낼 테니까, 조용히 발걸음을 옮겼다. 아버지는 거친 손으로 나의 팔을 낚아채더니 힘껏 벽 쪽으로 밀었다. 술 냄새가 코끝을 찔렀다.
>
> "어디서 빌빌대고 다니는 거야? 말귀를 못 알아들어?"
>
> 숨도 제대로 쉬지 못한 채 고개를 끄덕였다. 대답이 늦어지면 손이 올라올 것을 알고 있었다. 몇 번이고 맞았으니까.

이유도 모른 채, 그저 아버지의 기분에 따라. 그날 밤도 아버지는 분이 풀리지 않았는지 술잔을 던졌고, 깨진 유리 조각이 바닥에 흩어졌다. 나는 무릎을 꿇고 그것을 조심스럽게 주웠다. 하나라도 남아 있으면 또 혼날 테니까. 어린 손에 작은 생채기가 생겼지만, 아프다는 말조차 하지 못했다. 나는 매일 조용히 울었다. 그리고 오랜 시간이 흘러, 점점 굽어지는 아버지의 등을 보게 되었을 때조차, 안쓰러운 마음보다 먼저 떠오르는 것은 공포와 원망이었다. 나는 아버지를 이해할 수 없고, 용서할 수도 없다. 어떤 상처는 시간이 지나도 희미해지지 않는다.

용서하지 않아도 괜찮다

폭력적인 아버지 밑에서 자란 딸들은 늘 마음속에 생채기를 안고 살아갑니다. 때로는 용서하지 못하는 자신을 책망하기도 하지요. 하지만 관계란 상호작용입니다. 누군가는 말합니다.

"용서를 구하지 않는 아버지를 용서하지 않아도 괜찮다."

아버지와 화해하지 않는다고 해서 내 삶이 망가지는 것은 아닙니다. 진정한 화해는 서로를 존중할 수 있을 때 가능한 일이니까요. 어떤 관계는 끝내 회복되지 못한 채 남아 있지만, 그렇다고 해서 내 삶까지 멈출 필요는 없습니다.

또 다른 사람이 아버지를 떠올립니다.

"제게 아버지는 참 따뜻한 사람이었어요. 흔한 얘기겠지만, 어릴 때 저는 자전거 타는 걸 무서워했어요. 친구들은 모두 잘 타는데, 저는 조금만 균형을 잃어도 겁을 먹고 페달을 멈춰버렸죠."

그녀의 아버지는 그런 딸을 조용히 지켜보았다고 합니다. 그리고 어느 날, 동네 골목길에서 딸의 손을 잡고 말했습니다.

"괜찮아. 아빠가 뒤에서 잡고 있을 테니까, 그냥 앞으로 나아가면 돼."

처음에는 무서웠지만, 아버지가 뒤에서 붙잡아준다는 믿음 덕분에 그녀는 조금씩 페달을 밟기 시작했습니다. 그리고 어느 순간 뒤를 돌아보았을 때 아버지는 멀찍이 떨어져 미소 짓고 있었습니다.

"그때는 너무 서운했어요. 아버지가 몰래 손을 놓았다는 것이요. 그런데 한참을 지나서야 깨달았어요. 아버지는 제가 넘어지지 않도록 처음에는 잡아주었지만, 결국 혼자 나아가야 한다는 걸 알고 계셨던 거예요. 어쩌면 제 인생에서 아버지가 해주신 모든 일이 그와 같았던 것 같아요."

그녀는 성인이 되어서도, 넘어질까 두려울 때마다 그날을 떠올린다고 합니다. 그리고 마음속으로 속삭인다고요.

"괜찮아. 아버지가 지켜보고 계시니까, 나는 다시 일어설 수 있어."

어쩌면 우리는 자신도 모르게 아버지의 방식대로 사랑받고 있는지 모릅니다. 어린 시절에는 그 손길이 당연하게 느껴졌지만, 시간이 지나 뒤돌아보면 비로소 그 의미를 깨닫게 됩니다. 아버지는 언제나 같은 자리에서 우리를 지켜보며, 넘어질까 걱정하면서도 다시 일어설 수 있다는 믿음을 주었던 것이 아닐까요?

또 다른 사람이 했던 말도 떠오릅니다.

"저는 아버지께 가장 미안했던 순간이 아직도 잊혀지지 않아요."

고등학교 3학년 때, 성적이 떨어져 예민해 있던 그녀에게 아버지는 무심히 물었습니다.

"공부는 좀 잘되고 있냐?"

그녀는 짜증 섞인 목소리로 소리쳤습니다.

"아빠는 내가 얼마나 힘든지 알지도 못하면서!"

그날 밤, 아버지는 밥도 다 드시지 못한 채 조용히 집을 나섰고, 늦은 밤까지 혼자 공원에 계셨다고 합니다.

"지금 생각하면, 아버지는 그냥 내가 괜찮은지 묻고 싶으셨던 거였어요. 끝내 사과도 하지 못했는데, 대입 시험을 보기 전에 아버지가 사고로 세상을 떠나셨어요. 얼마나 미안한 일들만, 하지 못한 말들만 떠오르는지……."

그녀는 끝내 눈물을 터뜨렸습니다.

우리는 너무 늦게 깨닫곤 합니다. 아버지의 무심한 말이 걱정이었고, 잔소리가 사랑이었다는 것을요.

등 뒤로 느껴지는 사랑
• • •

어릴 적 제 아버지는 나중에 나이가 들면 판검사가 된 딸의 운전기사를 하고 싶다고 하셨습니다. 하지만 판검사는커녕 신학의 길을 가겠다는 딸의 결심을 들었을 때, 아버지는 무섭게 야단치거나 반대하지 못하시고는 처음으로 눈물을 보이셨습니다. 많이 안타까우셨나 봅니다. 그리고 힘들면 언제든 그만두고 돌아오라는 말로 조용히 응원해주셨습니다. 처음 운전석에 앉았을 때 이래저래 운전을 가르쳐주던 아버지는 꽤 다정했습니다.

서울 어느 동네 반지하에서 처음 자취를 시작했을 때, 딸의 집을 방문했던 아버지는 딸이 갑자기 쏟아지는 비를 맞고 들어올까 봐 낯선 골목길 어귀에서 우산을 들고 서 계시기도 했습니다. 편찮으셨지만 일상을 꽤 씩씩하게 잘 지내시던 아버지는 어느 날 저녁, 저와 단둘이 외식을 하자고 청하셨습니다. 앞으로 어떻게 살고 싶은지, 아버지가 뭘 도와주면 좋겠는지, 그리고 나의 아버지여서 참 좋았다는 말씀을 하셨습니다. 좀 더 자주 잡아드리지 못했던 아버지의 투박하고 큰 손을, 저는 아버지가 돌아가시기 전, 병원에 누워 계실 때야 제대로 잡아드렸습니다. 아버지는 3~4일을 병원에서 아기처럼 누워 계시다 정말 날이 좋은 어느 봄날, 그리 고통스럽지 않게 하늘로 가셨습니다. 제게 아버지에 대한 기억은 그러합니다.

아버지라는 존재는 저마다 다른 의미로 다가올 겁니다. 어떤 이에게는 그리운 사람, 어떤 이에게는 용서하지 못한 사람, 혹은 고맙고 미안한 사람일지도 모릅니다. 분명한 것은 우리 모두가 아버지를 더 사랑하고 싶었고, 더 사랑받고 싶었다는 사실입니다. 세월이 흐르면 우리는 점점 더 아버지를 닮아갑니다. 무뚝뚝한 말투, 손버릇 하나, 어느 날 문득 닮은 뒷모습까지. 그제야 깨닫습니다. 아버지도 결국 완벽하지 않은 한 사람이었고, 사랑을 표현하는 방식이 서툴렀을 뿐이라는 것을요.

어릴 적 잡아주던 손길, 넘어질 때 다시 일어설 수 있을 거라고 믿어주던 따뜻한 눈빛, 그리고 끝내 전하지 못한 마음까지 아버지가 남긴 것들이 여전히 우리 곁에 남아 있습니다. 용서하지 못한 사람은 용서 없이, 그리운 사람은 그리운 대로, 그렇게 각자의 방식으로. 어쩌면 언젠가, 어느 바람 좋은 날 문득 하늘을 올려다볼 때, 마음 한구석에서 이렇게 속삭일지도 모릅니다.

"아버지, 잘 지내고 계시나요?"

5
속박하지 않는 친밀함

한여름 오후, 바람 한 점 불지 않는 뜨거운 공기 속에서 한 가족이 마당에 둘러앉아 있습니다. 아버지는 조용히 부채질을 하고, 어머니는 음식을 만들고, 자녀들은 밥상에 수저를 놓습니다. 그리고 "할머니, 진지 드세요"라고 부릅니다. 어릴 적 주로 보던 드라마에는 이런 장면들이 자주 등장했습니다.

이 평범한 장면 속에서 가족이라는 울타리 안에서 피어나는 관계의 묘한 결이 드러납니다. 같은 공간에 있지만, 저마다 다른 생각을 품고 있는 사람들. 누군가는 그 다름을 인정하지 못해 갈등을 겪고, 또 누군가는 가족이라는 이유만으로 스스로를 포기하기도 합니다. 그러나 이상적인 모습이란, 서로를 사랑하면서도 각자의 삶을 살아내는 일이 아닐까요.

태어날 때부터 부모와 형제자매는 정해져 있지만, 어떤 관계를 맺고 서로를 존중할지는 스스로 만들어가는 것입니다. 사람들은 흔히 가족에게 무조건적인 사랑을 기대하기 때문에, 가족에게 받은 상처가 가장 깊고 오래갑니다. 사랑과 상처가 교차하는 이곳에서 개인이 개인으로 존재하기란 결코 쉽지 않습니다.

가족 치료의 선구자 머레이 보웬은 정서적 융합과 자기 분화 개념을 통해 가족 내에서 개인의 독립성이 얼마나 중요한지를 설명합니다. 특히 그는 가족 간 정서적 융합이 지나치면 오히려 관계가 얽히고 상처받을 수 있다고 보았습니다. 융합이란 개개인의 정체성이 희미해지고 가족의 감정에 과도하게 휩쓸리는 상태를 뜻합니다. 아버지가 슬프면 나도 같이 우울해지고, 어머니가 불안해하면 내 마음도 덩달아 초조해지는 겁니다.

융합이 지나치면 개인 고유의 감정이나 생각은 희미해지고, 가족이라는 집단적인 감정에 이끌려 판단을 내리게 됩니다. "아버지가 화내는 걸 보면 내가 잘못했나?" "어머니가 지쳐 보이니 내가 모든 걸 해드려야 하나?" 매번 가족 중심으로 감정이 끌려다니다 보면, 결국 자신의 삶과 정체성은 뒷전으로 밀려납니다. 남들이 보기에는 화목해 보일 수도 있지만, 안에서는 온전히 이해하거나 지지하지 못한 채 감정의 뒤얽힘으로 힘들어합니다.

가까울수록 더 깊은 상처

• • •

자기 분화는 이와 반대되는 개념으로, 가족 내에서 정서적 유대를 유지하되, 나 자신의 감정과 생각을 독립적으로 조절할 수 있는 능력을 말합니다. 서로 사랑하되 "내 감정은 내가 책임진다", "부모가 느끼는 불안이나 분노가 내 전부를 흔들 수는 없다"라는 태도를 지키는 것이 분화의 핵심입니다. 부모님을 사랑하지만 그들의 기분에 휩쓸려 내 삶의 중요한 결정을 바꾸지 않을 수 있어야 합니다.

그래서 보웬은 분화 수준이 높을수록 가족관계가 더욱 건강해진다고 말합니다. 서로를 깊이 신뢰하되 타인의 감정이 내 감정과 반드시 일치하지 않아도 괜찮다는 믿음이 생기기 때문입니다. 보웬은 건강한 가족관계란 서로 의존하는 동시에 각자의 개성을 지키는 균형 속에서 형성된다고 말합니다.

예전에는 서로에 대한 배려와 희생이 가족의 미덕으로 여겨졌습니다. 부모가 자녀를 위해 모든 것을 희생하거나, 자녀가 부모의 뜻을 거스르지 않는 것을 훌륭한 덕목으로 여겼습니다. 그러나 이런 몰입이 지나치면 자녀는 자기 자신을 형성하기 어렵고, 부모는 끊임없이 자녀에게 보상을 요구하는 악순환에 빠지기 쉽습니다. 사랑이라고 믿었던 헌신이 오히려 상대의 자유를 침해하고, 스스로에게도 상처를 남기는 역설적인 상황이 빈번하게 발생합니다.

드라마 〈나의 해방일지〉는 이러한 정서적 융합과 자기 분화를 섬세하게 보여줍니다. 염창희, 염기정, 염미정 삼남매는 모두 각자의 방식으로 가족과 얽혀 있습니다. 그들은 부모를 사랑하지만, 동시에 부모의 기대와 책임에서 자유롭지 못합니다. 특히 염미정은 가족 내에서 늘 조용하고 순응적인 태도를 보이지만, 마음 깊은 곳에서는 이대로는 숨이 막힌다는 감정을 품고 있습니다. 그녀는 정서적 융합에서 벗어나 자기 분화를 이루고 싶어 하지만, 현실적인 벽에 부딪히며 갈등을 겪습니다.

그녀의 해방은 결국 자신만의 세계를 구축하면서 시작됩니다. 타인의 감정에 휩쓸리지 않고, 자신의 감정을 지키는 법을 배우는 과정입니다. 이는 보웬이 말한 자기 분화의 핵심이기도 합니다. 가족을 떠나거나 단절하는 것이 아니라, 독립적인 존재로 자리 잡으며 관계를 새롭게 정의하는 것입니다. 그렇게 염미정은 조금씩 자신을 찾아가며 가족과의 관계도 더욱 건강하게 변화합니다.

반면 어떤 이는 깊은 대화와 솔직한 표현을 통해 가족 구성원 각각이 독립된 자아를 형성하도록 배려합니다. 자녀가 힘들다고 말할 때마다 부모는 "우리가 널 돕고 싶지만, 네 결정도 중요해"라고 말하며 조언은 하되 결국 선택은 자녀의 몫으로 돌리는 것입니다. 그런 부모 밑에서 자란 자녀는 가족의 사랑을 느끼되, 동시에 스스로의 삶을 개척해야 한다는 사실을 잊지 않습니다. 그 안에서 자연스럽게 책임감을 배우고, 문제 해결 능력을 키워나갑니다.

곁에 있어주는 것, 딱 그 정도만
• • •

가족과 함께 살면서도, 가족을 떠나 또 다른 삶을 꾸려나갈 수 있다는 것은 모순된 이야기처럼 들립니다. 그러나 가까운 사이일수록 적절한 경계를 긋는 일이 훨씬 중요합니다. 그것은 곧 "나는 당신을 사랑하지만, 나는 나대로의 길을 걸어가야 합니다"라는 선언이며, 동시에 "당신 역시 자신의 길을 가길 바랍니다"라는 마음입니다. 이러한 선언은 차갑게 들릴 수도 있지만, 진정으로 서로를 존중하는 관계라면 이것이야말로 가장 따뜻하고 성숙한 태도입니다.

가족에게 받은 상처나 서운함을 털어놓고 서로 용서하며 화해를 청하는 일은 쉬운 일이 아닙니다. 때로는 아프고 민망하며, 이미 지난 일이라며 덮어두고 싶을지도 모릅니다. 하지만 그 과정 없이는 결코 진정한 분화와 자유를 얻기 어렵습니다. 가족이라는 이름으로 무조건 사랑해야 한다는 강박에서 벗어나, 서로가 인간 대 인간으로 존중할 수 있어야 비로소 가족은 함께이되 독립된 존재들의 모임으로 거듭납니다.

누군가에게 가족은 분명 축복이고, 또 다른 누군가에게는 아물지 않는 상처일 수도 있습니다. 그렇지만 가족 안에서 자신을 조금씩 다듬고 분화시키는 과정은 우리 모두 피할 수 없는 삶의 통로입니다. 사랑하면서도 상처를 주고받는 어긋남 속에서 서로 다르지만 소중한 존재라는 깨달음에 이르는 길은 결코 단순하지 않습니다. 그럼에도 불구하고, "가족과 함께, 가족을 떠나서, 나로 살기"라는 조금 역설적인 문장은 가장 건강한 친밀함을 함축하는 말입니다.

어느 비 오는 날 오후, 각자 방에 틀어박혀 하고 싶은 일을 하다가도, 가족 중 누군가가 나와 라면을 끓이면 옆에서 "나도 한 입만"이라고 젓가락을 들고 앉는 순간, 그들은 조용히 부딪히며 하나의 순간을 공유합니다. 이런 소소한 교차점에서 우리는 가족의 본질을 발견합니다. 가족이라는 숲에서 서로의 그림자를 밟으며 자라왔지만, 이제 각자의 나무로 서는 법을 배웁니다. 저마다의 방에서 자신만의 세계를 가꾸다가도, 부엌의 따스한 불빛에 이끌려 모여드는 모습이 바로 우리가 추구하는 균형입니다.

때로는 돌아와 안기고, 때로는 멀리 날아가며, 우리는 마침내 이해합니다. 진정한 사랑이란 서로를 붙잡는 것이 아니라, 각자의 빛으로 빛날 수 있도록 자유를 주는 것임을.

6
사랑은
결과 없는
과정이다

　두 사람이 만나 결혼해서 함께 살아가는 법을 익히고, 매일 서로의 온도를 확인하며, 때로는 충돌하고 때로는 친밀감을 나누는 과정에서 비로소 부부라는 관계가 완성됩니다. 결혼은 그 자체로 하나의 커다란 여정입니다. 흔히 결혼은 둘이 하나가 되는 것이라고 표현하지만, 실상은 여전히 두 사람이 살아가는 것입니다.

　영화 〈결혼 이야기〉는 결혼이라는 관계가 해체되어 가는 과정을 아주 현실적이고 감정적으로 그려냈습니다. 뉴욕에서 잘 나가는 연극 연출가 찰리와 배우인 니콜 부부가 갈등 끝에 별거와 이혼을 거치면서, 서로가 품어왔던 불만과 상처가 수면 위로 떠오릅니다. 니콜은 찰리 밑에서 자신의 꿈을 펼치지 못했다고 느꼈고, 찰리는 니콜에게 배신감을 느끼며 혼란에 빠집니다. 변호사를 선임하고 아이 양육권과 재산 분할 등으로 첨예하게 대립하는 모습은 결혼이 한때의 열정만으로는 유지되지 않는다는 사실을 단적으로 보여줍니다.

하지만 정작 영화의 마지막을 장식하는 것은 두 사람이 이별을 택한 후에도 여전히 서로를 향한 존중과 애틋함을 확인하는 것입니다.

"우리는 함께할 때 더 나은 사람이 되었고, 각자의 개성을 존중하는 법을 배웠다."

이 대사는 결혼이 하나로 녹아드는 합일이 아니라, 서로 다른 두 사람의 정체성이 교차하고 스며드는 과정임을 잘 나타냅니다.

결혼은 사랑이라는 감정이 하나의 관계로 발전하는 과정입니다. 함께 사는 순간, 두 사람은 간단한 식사 메뉴를 고르는 일부터 인생의 큰 선택까지 삶 전체를 공유합니다. 사랑을 나누고 상대를 위해 때로는 희생하며, 매일같이 서로의 기질과 리듬을 맞춰가기 위해 노력합니다. 그러나 종종 함께라는 말에 매몰되어 나만의 생각, 감정, 시간, 공간을 지키기 어려운 순간이 찾아옵니다. 어느 날 문득 "나는 누구였더라?"라는 의문이 고개를 들면 결혼생활에 대한 고민이 깊어지는 것이지요.

사랑의 기술과 결혼의 기술은 다르다

● ● ●

결혼 초창기에는 새로운 함께살이의 설렘에 빠져 모든 것을 공유하고 함께 누리는 즐거움이 큽니다. 하지만 시간이 흐를수록 왜 내가 상대방에게 맞춰야 하는지에 대한 의문이 자연스럽게 올라옵니다.

서로의 관심사나 생활 습관이 다를수록 결혼 전에 갖고 있던 각자의 꿈과 취미를 지속하기가 쉽지 않습니다. 부부 관계에 묶여 개인의 자유와 자율성이 침범당하는 느낌이 들 수도 있습니다. 그럴 때 갈등이 생기는 것이죠.

부부란 자율성과 친밀감 사이에서 계속 균형을 조율해나가는 관계입니다. 결혼한다고 해서 나라는 정체성이 완전히 사라져서는 안 되며, 그 고유함을 기반으로 서로 따뜻한 유대감을 주고받아야 행복이 지속될 수 있습니다.

심리학자 에리히 프롬은 《사랑의 기술》에서 사랑은 단지 융합만을 의미하지 않는다고 말합니다. 오히려 진정한 사랑이란 각자의 고유함을 지키면서도 서로에게 책임과 관심을 기울이고 존중을 보내는 과정이라고요. 다시 말해 하나가 된 듯한 친밀감 속에서도 여전히 각자의 땅에 발을 디디고 있어야 한다는 것입니다.

결혼 후 맞벌이를 하느라 내가 좋아하던 취미나 꿈을 전부 포기하거나, 아이 돌봄을 이유로 내 커리어를 송두리째 놓아버린다면 결국 나를 잃고 관계도 삐걱거릴 수 있습니다. 스스로를 돌볼 수 없을 정도로 상대에게만 매달려 있으면 그것은 사랑이 아니라 종속입니다.

윤희 씨는 남편과 결혼 초기에는 거의 모든 취향이 맞아 행복했습니다. 좋아하는 노래도 비슷하고, 여행 스타일도 잘 맞았으며, 좋아하는 커피 취향까지 같았습니다. 그러나 몇 년이 지나자 남편이 주말마다 산악자전거를 타러 나가거나 지인들과 골프 모임에 참석하는 등 혼자만의 활동을 시작하면서, 윤희 씨는 점차 서운함을 느꼈습니다. 주말에 무엇이든 둘이 함께할 거라고 생각했으니까요.

"오늘은 누구 만나러 가는데?", "몇 시에 갔다가 언제 들어와?", "왜 나랑 놀아주지 않아?" 이런 말을 반복하다 보니 남편은 점점 위축되고, 윤희 씨도 자기 삶이 없이 오직 남편에게만 매달려 있는 것 같아 답답했습니다.

윤희 씨에게 필요한 것은 '내 안의 욕구 찾기'입니다. 결혼 전부터 그림을 좋아했던 윤희 씨는 일러스트를 배우고 싶다는 작은 꿈을 되살렸습니다. 삶의 즐거움을 남편에게서 찾기보다 스스로 취미와 관심사를 찾기 시작했습니다. 윤희 씨는 일러스트를 배우면서 훨씬 즐거운 시간을 보내게 되었습니다. 그녀는 비로소 결혼했다고 해서 자신의 시간과 자유를 포기해야 하는 것은 아님을 깨달았습니다.

남편도 자기의 삶을 누리는 아내를 보며 오히려 책임감과 부담감이 줄어들어 마음이 한결 가벼워졌습니다. 그리고 아내와 함께하는 시간에는 더욱 정성과 마음을 쏟게 되었습니다. 서로의 자율성을 인정하고 나서야 두 사람은 더 건강한 관계를 맺게 된 것입니다.

나를 잃지 않는 사랑의 기술

부부 상담 전문가 존 가트맨은 결혼생활에서 나타나는 갈등이 곧 관계의 파괴를 의미하는 것은 아니라고 말합니다. 두 사람이 갈등을 어떻게 소통하고 해결하느냐가 결혼의 만족도를 결정짓는 핵심 요소라고 합니다. 결혼은 끊임없이 서로를 조율하는 과정입니다. 자율성과 친밀감 사이에서 적절한 균형을 찾는 과정을 통해 두 사람은 한층 성숙해지고, 서로에게 더 나은 동반자가 됩니다.

결혼생활에서 자신을 잃어버린 것처럼 느낀다면, 혼자만의 시간을 가지는 작은 시도부터 시작해보세요. 혼자 산책하거나 차 한잔을 즐기는 사소한 일이 마음의 숨통을 트이게 해줍니다. 자신의 욕구가 채워져야 배우자의 취미나 관심사도 더 열린 마음으로 지지할 수 있습니다.

결혼 후에도 충분히 나로 존재할 수 있습니다. 그것은 이기적인 것이 아니라, 오히려 서로에게 더 풍요로운 삶을 선사합니다.

서로 다른 2개의 물줄기가 만나 부딪히고 소용돌이치면서 더 넓은 바다로 흘러가듯, 두 사람이 각자 빛을 잃지 않고 존중해줄 때 아름다운 관계를 맺을 수 있습니다.

함께 살아간다는 것은 두 영혼이 완전히 하나로 녹아드는 일이 아닙니다. 그것은 두 그루의 나무가 같은 흙에서 자라되, 각자의 가지를 뻗어나가는 것입니다. 가지는 사방으로 뻗어나가지만 하나의 뿌리가 서로를 지탱해줍니다.

나를 잃지 않을 때 비로소 진정한 사랑이 시작되고, 상대의 고유함을 존중할 때 비로소 관계의 깊이가 더해집니다. 세월이 흘러도 부부는 서로의 빛을 가리지 않고, 오히려 그 빛으로 서로를 더 밝게 비추는 법을 배웁니다. 결혼은 끝없는 춤과 같아서, 때로는 가까이 다가가 서로의 온기를 느끼고, 때로는 한 걸음 물러나 상대의 아름다움을 바라봅니다. 그 거리를 조율하면서 우리는 날마다 새롭게 사랑을 발견합니다.

옛사람들은 서로 다른 두 나무가 오랜 세월 가지와 줄기가 하나로 얽혀 자라는 연리지를 이상적인 부부에 비유했습니다. 그러나 연리지는 각자의 뿌리와 줄기를 지키면서도 서로를 향해 자라나 자연스럽게 만난 것입니다. 비가 오면 함께 젖고 햇살이 비추면 함께 빛나지만, 결코 상대의 생명력을 앗아가지 않는 공존의 지혜입니다.

두 사람은 각자의 모습으로 온전히 존재하면서도, 세월의 흐름 속에 자연스럽게 하나의 풍경이 되어, 서로의 삶에 더 깊은 의미와 아름다움을 더해갑니다. 연리지처럼 함께 자라나는 부부의 모습, 그것은 나와 우리가 조화롭게 공존하는 사랑의 완성입니다.

7
기대와 현실의 충돌

"기억나는 건, 서로를 바라보던 눈빛이 점차 피곤함과 서운함으로 흐려졌다는 점이었습니다. 우리는 달라진 게 없다고 생각했지만, 사실은 너무나 많이 변해 있더군요."

오랜 시간 함께해온 부부가 차갑게 등을 돌리는 이유는 결혼생활이 그저 지루해졌기 때문만은 아닙니다. 서로에게 의지하던 안전한 공간이 무너졌다는 깊은 절망감이 이혼이라는 결정을 재촉합니다.

정서중심치료와 성인 애착 이론의 관점에서 보면, 부부가 서로에게 마음의 문을 닫은 채, 외로움과 분노로 자신을 보호하는 과정이 결국 이혼 위기로 이어질 수 있습니다.

하지만 역설적으로, 이혼하기 직전이야말로 서로를 가장 깊이 이해할 기회입니다. 결혼생활을 끝낼 수도 있다는 마음을 품는 순간, 본능적인 두려움과 외로움이 수면 위로 떠오릅니다. 그 감정에 솔직해질 수 있다면 아직 함께 울고 웃을 가능성이 남아 있을지 모릅니다.

승준 씨와 소라 씨는 10년 넘게 결혼생활을 이어온 부부입니다. 결혼 초기에는 사랑이 넘쳤습니다. 그러나 아이가 태어나고, 일과 육아가 겹쳐지면서 서운함이 쌓이기 시작했습니다. 사소한 일에도 감정이 격해지고, 대화는 네 탓 공방으로 이어졌습니다. 승준 씨는 나름 최선을 다하는데 아내는 집안일과 육아에 적극적으로 참여하지 않는다고 비난했습니다. 소라 씨는 남편이 자신을 힘들게 하는 것을 보면 더 이상 사랑하지 않는다며 울음을 토해냈습니다.

결정적인 계기는 어느 날 밤, 더 이상 같이 살 이유가 없다는 말이 두 사람 입에서 동시에 튀어나왔을 때였습니다. 감정의 파고는 이미 경계선을 넘어선 듯했습니다. 둘은 묵혀두었던 불안과 외로움을 토해내며 날 선 비난을 주고받았습니다. 그러다 마지막이라는 생각으로 상담실을 찾았습니다.

하지만 이들의 마음 깊은 곳을 살펴보니 정작 두 사람이 품은 가장 큰 두려움은 '혹시 내가 버려지는 건 아닐까?' '나는 정말 소중한 존재가 아닌 걸까?'라는 것이었습니다. 그런 불안이 분노와 원망으로 표출된 것입니다.

'너 때문이야'라고 말하는 순간

...

영유아와 부모의 관계를 설명하기 위해 탄생한 애착 이론은, 성인들의 친밀한 관계에도 적용됩니다. 심리학자 존 볼비가 말했듯이 우리는 애착 대상에게 '내가 안전하게 의지해도 될까?', '이 관계가 쉽게 깨지지 않을까?'라는 무의식적인 기대를 품습니다. 아이가 부모에게 안기듯이 성인도 상대를 통해 내가 의미 있는 존재인지를 확인하고 싶어 합니다.

애착은 보통 3가지 유형으로 나눕니다. 첫째, 안정형은 상대가 나를 거부하지 않을 거라는 믿음을 바탕으로, 갈등이 생겨도 결국 관계가 회복될 수 있다는 심리적 안정감을 가진 상태입니다. 둘째, 불안정형은 상대방이 날 떠날지도 모른다는 두려움에 사로잡혀 애정을 끊임없이 확인하거나 과도하게 매달리는 유형입니다. 셋째, 회피형은 가까워지면 상처받을 거라는 불신이 커져서 오히려 스스로를 폐쇄하고 필요 이상의 독립심을 강조하며 도망치는 유형입니다.

승준 씨는 회피형 애착에 가깝고, 소라 씨는 불안정형 애착에 가깝습니다. 남편은 문제가 생겨도 그냥 넘어가려 했고, 아내는 제발 내 마음을 알아달라며 더욱 예민하게 굴었습니다. 결국 한쪽은 지나치게 가까워지려 하고(집착), 다른 쪽은 지나치게 멀어지려 하면서(회피) 악순환이 반복됐습니다. 부부정서중심치료 이론에서는 이를 추적자와 도망자라고 부릅니다.

부부정서중심치료 이론의 창시자인 수잔 존슨은 "부부가 서로를 가장 심하게 공격할 때, 사실은 가장 간절히 연결되고 싶어 한다"고 말합니다. 아내가 울면서 폭언을 쏟아내는 이유는 "제발 내 이야기를 들어주세요! 날 버리지 말아주세요!"라는 외침입니다. 남편이 냉랭하게 문을 닫아버리는 이유 역시 "내가 무능하거나 가치 없는 존재로 보일까 봐 두렵다"는 의미입니다. 겉으로 드러나는 감정(분노, 적대감) 뒤편에는 "나를 있는 그대로 받아줄 수 있나요?"라는 질문이 숨어 있습니다.

소라 씨는 그동안의 서운함을 폭발시키듯 눈물을 쏟았습니다. "당신이 늘 나를 무시한다고 느꼈어요. 칭찬 한 번도 없고, 아이 앞에서도 나를 나약한 엄마라고 말하잖아요." 남편은 "아내를 대할 때 어떤 느낌이 드나요?"라는 질문에 천천히 고개를 떨구며 말했습니다.

"솔직히 말하면…… 아내가 내 입장을 이해해주지 않고, 뭘 해도 비난만 하니 대화하기가 싫어졌어요. 뭘 해도 나만 나쁜 사람이 되는 것 같거든요."

속내를 조금 더 들여다보니, 남편이 품은 가장 큰 감정은 아내가 원하는 만큼 해내지 못한다는 무능감과 죄책감이었습니다.

두 사람의 겉으로 드러난 감정(분노, 원망) 뒤에 숨어 있던 핵심 감정(외로움, 무능감, 죄책감, 두려움)을 서로 확인할 때 비로소 벼랑 끝에서 서로의 손을 잡을 여지가 생깁니다. 이혼 위기에 빠진 부부들은 "결국 너 때문에 내가 힘들잖아"라는 말이 대화의 기본 구조입니다. 그러나 안전한 소통과 정서적 지지가 회복되려면 너와 내가 힘을 합쳐 문제를 함께 바라보고 갈등을 함께 해결하자는 의식을 되찾아야 합니다.

아내는 아이를 출산한 후부터 얼마나 힘들었는지 생각해보고는 왜 서로를 적으로 만들었을까 하는 안타까운 마음을 표현했습니다. 남편 또한 "아내가 무섭다고만 느꼈는데, 사실은 불안하고 외로워서 그렇게 행동했다는 걸 알고 나니 위로해주고 싶은 마음이 들었습니다"라고 고백했습니다.

마지막 대화는 가장 솔직하게

• • •

불안정형 애착을 가진 사람은 상대가 자신을 떠날까 봐 두려워서 감정을 과도하게 표출합니다. 회피형 애착을 가진 사람은 깊이 얽히면 내가 버려질 것 같다는 두려움에 먼저 선을 긋습니다. 서로를 이해하면 "당신은 지금 겁이 나서 그러는 거군요"라고 비난 대신 공감의 시선으로 상대를 바라볼 수 있습니다.

드라마나 영화를 보면, 부부가 극심한 갈등 끝에 "사실은 네가 떠날까 봐 늘 초조했어", "네가 날 사랑하지 않을까 봐 두려워서 일부러 독립적인 척했어"라고 솔직히 털어놓는 장면이 종종 등장합니다. 자기 애착 불안을 인정하는 짧은 한마디가 애착 신호를 다시 확인하는 계기가 됩니다. 상대의 마음을 추측하고 존중해줄 때 갈등은 함께 울 수 있는 시간으로 바뀝니다.

서로 이어지고 싶지만, 상처받지 않으려고 거리를 두는 부부. 그러나 그 닫힌 문 뒤편에는 "제발 내 이야기를 들어줘요. 날 버리지 말아주세요. 나도 당신을 돌보고 싶습니다"라는 간절함이 숨어 있습니다. "우리 둘 다 같은 바람을 갖고 있었네요"라고 깨닫는 순간 새로운 관계의 싹이 움트기 시작합니다.

가장 어두울 때 별이 보이듯 가장 큰 상처 뒤에는 가장 깊은 치유가 기다립니다. 당신의 마음 건너편에 서 있는 그 사람도 같은 별을 바라보고 있을지 모릅니다. 분노의 껍질을 벗겨내면 그 아래 있는 것은 사랑과 두려움입니다. 마지막이라 생각하는 그 대화에서 원망 대신 "나는 당신이 그리웠습니다"라는 한마디가 더 큰 울림이 됩니다.

애착의 춤은 때론 서로를 향해 다가가고 때론 서로에게서 멀어지는 발걸음의 연속입니다. 가장 아름다운 순간은 두 사람이 진심의 리듬을 함께 찾을 때입니다. 떨리는 손을 내밀고 상처 입은 마음을 드러내는 용기만으로도, 이미 춤은 시작되었습니다.

8
흔들리니까 사람이다

"나는 좋은 엄마일까?"

이것은 아마도 수많은 엄마들이 자신에게 던지는 가장 무거운 질문일 것입니다. 특히 아이가 뭔가 잘못된 행동을 하거나 학교에서 부정적인 피드백을 받을 때, 엄마들은 자연스럽게 자기 자신을 탓합니다. '내가 뭘 잘못한 걸까, 더 잘했어야 했는데…….' 자책은 끝없이 이어지죠. 완벽한 엄마가 되고 싶지만, 그것은 불가능할 뿐만 아니라 엄마 자신을 지치게 만듭니다.

정신분석학자 도널드 위니컷은 우리에게 새로운 길을 제안했습니다. 그는 완벽한 엄마가 아니라 충분히 좋은 엄마라는 개념을 제시했습니다. 적절히 실수하고 때로는 부족하지만 아이에게 필요한 정서적 지지를 제공하는 엄마가 아이의 건강한 발달에 더 긍정적인 영향을 미친다는 것입니다. 완벽을 추구하는 엄마가 아니라 부족해도 충분히 좋은 엄마가 될 수 있습니다.

자신이 아이를 이렇게 만든 것 같다며 눈물짓는 엄마들을 종종 만납니다. 아이가 분리불안을 겪거나, 학교에서 적응하지 못하거나, 공격적인 행동을 보일 때, 많은 엄마들은 자신에게 책임을 돌리곤 합니다. 그럴 때 저는 이렇게 말합니다.

"엄마가 아이를 이렇게 만든 건 아니에요. 그 상황에서 엄마는 최선을 다했어요. 완벽할 필요는 없어요. 단지 잘 몰랐을 뿐이죠."

아이의 행동은 기질과 주변 환경, 그리고 부모 외 다른 관계까지 복합적으로 얽혀서 나타납니다. 한 번의 싸움이나 부적응을 오로지 엄마 탓으로 돌리는 건 엄마에게 과도한 책임을 씌우는 사회적 분위기에서 비롯된 것일 수도 있습니다.

유나 씨는 첫아이를 낳고 6개월 만에 출근했지만, 둘째를 낳고서는 회사를 그만두었습니다. 어느 날 첫째가 엄마를 보고는 웃지 않는데 할머니를 보고는 방긋 웃더라는 겁니다. 아이에게 "왜 엄마 보고 안 웃어줘?" 하고 물었더니 아이는 "엄마는 금방 가버릴 거잖아"라고 대답해서 그날 종일 울었다고 합니다. 둘째에게까지 그런 말을 듣고 싶지 않아 퇴사를 선택했는데, 아이가 학교에 들어가고 손이 좀 덜 가게 되면서부터 갑자기 우울이 밀려왔습니다. 마흔도 되지 않은 그녀는 말했습니다.

"선생님, 제 인생은 한 번 펴보지도 못하고 지는 꽃 같아요. 저는 나쁜 엄마인가 봐요. 남은 인생을 아이만을 위해서 살고 싶지 않아요."

유나 씨는 아이들에게 많은 시간을 쏟았으나, 아이와의 관계가 좋은 것도 아니었고 자기 삶도 여의치 않아 괴로웠습니다.

당신 탓이 아니다
...

우리는 아이가 타고난 기질과 학교 환경이 상호작용하는 부분, 그리고 엄마의 정서적 지지 방식 등을 찬찬히 돌아보았습니다. 유나 씨는 모든 시간을 아이에게 쏟아야 한다거나 아이 문제는 전적으로 자신의 잘못이라는 극단적인 생각을 내려놓고 자신을 다시 바라보았습니다. 엄마가 항상 옆에 붙어 있어야만 안전함을 느끼는 것이 아니며, 아이 스스로 세상을 마주하면서 성장하는 기쁨도 있음에 주목하게 되었습니다.

유나 씨는 매주 하루를 자신만을 위한 날로 정하고 책을 읽거나 산책하는 등 자기 돌봄 시간을 가졌습니다. 그러자 마음에 여유가 생기고, 아이와 보내는 시간도 더 따뜻해졌습니다. 자신이 할 수 있는 일이나 공부를 조금씩 찾아나서며, 엄마라는 역할뿐 아니라 개인의 삶도 회복해나갔습니다.

아이의 성장에 엄마가 큰 영향을 미치는 것은 사실이지만, 아이가 겪는 모든 문제가 엄마의 책임으로 귀결되어서는 안 됩니다. 엄마는 완벽할 수 없고, 완벽할 필요도 없습니다. 위니컷이 말한 충분히 좋은 엄마는 아이가 실수하거나 넘어질 기회도 주고, 엄마 스스로도 부족한 모습을 기꺼이 보여줍니다. 아이에게는 절대적으로 완벽한 돌봄보다 아이를 믿고 지켜봐 주는 여유가 훨씬 중요합니다.

아이는 엄마가 필요할 때 곁에 있어주고, 자신의 감정에 공감해줄 수 있다는 안정감을 느낄 때, 세상을 보다 자신 있게 탐험할 수 있습니다. 과잉보호를 하거나 지나치게 간섭하는 부모보다 아이 스스로 경험하고 실패할 기회를 주는 부모가 더 긍정적인 영향을 미칩니다.

영화 〈굿 윌 헌팅〉에서도 비슷한 장면이 등장합니다. 주인공 윌은 어린 시절 트라우마로 인해 자신의 감정에 벽을 쌓고 살아가지만, 결국 심리치료사 숀을 만나면서 자신을 용서하고, 자신의 불완전함을 받아들이는 법을 배웁니다. 숀은 윌에게 끊임없이 말하죠.

"그건 네 잘못이 아니야.(It's not your fault.)"

이 말을 모든 엄마들에게 해주고 싶습니다. 아이가 겪는 모든 어려움이 엄마의 잘못은 아닙니다. 완벽한 엄마가 되어야 한다는 부담감을 내려놓으세요. 아이는 엄마가 미처 채워주지 못하는 부분을 다른 관계를 통해 배울 수 있습니다. 엄마는 그저 사랑과 지지를 보내고, 실수할 때도 아이를 품어주면 됩니다.

아이를 돌보는 일도 중요하지만, 엄마 자신을 돌보는 일도 소홀히 해서는 안 됩니다. 엄마에게는 자신만의 시간이 필요합니다. 심리적 여유와 자신만의 시간이 없으면 쉽게 지치고, 그것이 아이에게도 고스란히 전해집니다. 아이를 사랑하는 만큼 스스로를 사랑할 수 있어야 충분히 좋은 엄마가 될 수 있습니다.

　엄마 자신에게 말해보세요.

　"부족해도 괜찮아."

　나를 인정하고 나를 돌볼 때, 아이에게도 더 건강한 엄마로 다가갈 수 있습니다.

덜 채울수록 오히려 충분한

　충분히 좋은 엄마가 되기 위한 10가지 구체적인 방법을 알아볼게요.

1. **아이의 감정을 인정해주세요.** "괜찮아. 울어도 돼." 아이의 감정을 있는 그대로 받아들이는 것이 정서적 안정의 시작입니다.
2. **완벽한 엄마가 되려는 부담을 내려놓으세요.** 아이는 완벽한 부모가 아니라 실수해도 괜찮다고 말해주는 엄마가 필요합니다.
3. **아이에게 적절한 좌절 경험을 허용하세요.** 모든 문제를 해결해주기보다 아이가 스스로 해결할 기회를 주는 것이

성장에 도움이 됩니다.

4. **아이의 기질을 존중하세요.** 활발한 아이든 조용한 아이든 각자의 속도로 성장할 수 있도록 기다려주세요.

5. **일관된 애정을 표현하세요.** 사랑한다는 말, 포옹, 따뜻한 눈맞춤은 아이의 정서적 안정에 큰 영향을 미칩니다.

6. **엄마 자신을 위한 시간을 가지세요.** 나를 돌볼 때 비로소 아이에게도 더 건강한 에너지를 줄 수 있습니다.

7. **실수했을 때 아이에게 사과하세요.** "엄마가 실수했어. 미안해." 이런 태도가 아이에게 건강한 인간관계를 가르쳐줍니다.

8. **아이와 함께하는 시간을 질적으로 채우세요.** 짧아도 괜찮아요. 아이가 온전히 사랑받는 느낌을 받을 수 있도록 집중해주세요.

9. **아이의 독립성을 길러주세요.** 스스로 선택하고 결정할 기회를 주면 자신감을 키울 수 있습니다.

10. **나 자신을 있는 그대로 받아들이세요.** 부족해도 괜찮아요. 아이는 엄마가 스스로를 사랑하는 모습을 통해 자기 자신을 사랑하는 법을 배웁니다.

당신의 손길이 닿은 모든 순간, 아이는 조금씩 자라납니다. 조금 부족해도 당신의 사랑은 아이에게 가장 완벽한 선물입니다.

"나는 충분히 좋은 엄마야."

이 한마디가 당신을 더 따뜻하게, 아이를 더 단단하게 안아줄 것입니다.

9
적절한 좌절 연습

"우리 엄마는 모든 것을 다 해주려고 했어요. 어릴 때부터 한 번도 거절당한 적이 없는데, 대학에 들어가서야 비로소 세상이 내 마음대로 되지 않는다는 걸 알았죠."

30대인 유미 씨가 조심스럽게 털어놓은 이야기입니다. 한없이 배려하고 보살피는 부모 밑에서 자랐기에 성인이 되어 세상의 거친 바람에 부딪히자 스스로를 지키는 방법을 몰라 크게 흔들렸다고 합니다. 어릴 적 불만족을 모르고 자란 것이 그녀에게는 축복이자 불행이었습니다. 아이의 욕구를 잘 살피는 것은 필요하지만, 적절한 좌절을 경험하지 못하면 제대로 성장할 수 없습니다.

하인츠 코헛은 아이가 자라나는 과정에서 적절한 좌절을 경험하는 것이 얼마나 중요한지 강조했습니다. 적절한 좌절이란 아이가 체감하기에 너무 과도하지도, 너무 미미하지도 않은 결핍을 통해 스스로 조절 능력을 키우는 기회를 제공하는 것입니다.

대형마트에서 아이가 새 장난감을 사달라고 울며 바닥을 뒹굽니다. 엄마는 흔들리지만 부드럽게 안아주며 "오늘은 안 돼. 대신 집에 있는 장난감 하나를 다시 만들어서 놀아볼까?"라고 제안합니다. 아이는 서운해하지만, 엄마는 충분히 감정을 표현할 시간을 주고 공감의 제스처를 보냅니다. 이것이 적절한 좌절입니다.

사람은 저마다의 속도로 자란다

심리치료 현장에서도 모든 상처와 결핍이 심각한 트라우마가 되는 것은 아니라고 합니다. 누군가 공감해주고 지지해준다면 적절한 좌절 경험이 자아 성장을 촉진하는 자양분이 될 수 있습니다. 아이는 그 과정을 통해 "엄마(또는 아빠)가 내 욕구를 무시하거나 나를 버리는 것이 아니다. 엄마는 내가 스스로 설 수 있도록 도와준다"라고 서서히 깨닫습니다. 그러면 성장 과정에서 나타나는 수많은 감정의 소용돌이를 아이가 조금 더 담대하게 마주할 수 있습니다.

엄마가 아이에게 적절한 좌절을 제공하려 할 때 흔히 느끼는 감정은 죄책감입니다. 거절하면 아이가 상처받지 않을까 걱정합니다. 특히 아이가 서럽게 울거나 분노를 표현하면, 엄마는 금세 마음이 흔들립니다. 그러나 적절한 좌절을 주는 것은 결코 아이를 방치하거나 무관심한 것이 아닙니다. 오히려 엄마가 애착의 토대를 충분히 쌓아왔기에 아이가 안전하게 좌절을 경험할 수 있습니다.

아이와 신뢰가 형성된 상태에서 "오늘은 여기까지만 하자" 혹은 "안 돼"라고 말하는 것은 아이의 감정을 무시하는 것과 다릅니다. 이제 조금씩 욕구를 조절하며 스스로 성장할 수 있다는 메시지를 보내는 것입니다. 엄마는 그 과정에서 죄책감을 무조건 누르기보다는, 아이에게 필요한 수준의 한계를 제시하는 것도 사랑의 방식임을 되새길 필요가 있습니다.

엄마들이 적절한 좌절을 제공하기 어려운 이유는 자신들도 어릴 때 경험한 적이 없기 때문입니다. 결핍을 많이 겪으면서 자란 부모와 조부모는 자신들이 누리지 못한 만큼 내 아이는 부족함 없이 키우겠다고 마음먹기도 합니다. 하지만 어릴 때 경험이 부족하거나 상처를 많이 겪은 엄마는 아이를 돌보면서 자기 안에 남은 상처를 다시 경험할 수 있습니다. 그리고 오히려 그 상황에서 엄마 자신이 적절한 좌절 연습을 처음으로 배우는 기회가 됩니다.

아이의 욕구를 무조건 충족시켜 주고 싶은 마음이 올라오면, 잠시 멈추고 그 마음을 들여다보세요.

"지금 내가 아이에게 해주고 싶은 것은 정말 아이를 위한 것인가, 아니면 내 안의 결핍을 채우고 싶은 욕구인가?"

꺾여봐야 일어설 줄도 안다

아이에게 적절한 좌절을 제공하고 공감하는 태도로 함께 성장하는 것은 결코 쉬운 일이 아닙니다. 그러나 아주 작은 경험이라도 의식적으로 적절한 좌절을 시도하는 순간 아이와 엄마 사이에는 새로운 변화가 시작됩니다. 아이는 자기의 욕구가 곧바로 이루어지지 않아도 괜찮다는 현실 감각을 익히고, 엄마는 아이가 스스로 설 때까지 기다려주는 것도 사랑임을 깨닫게 됩니다.

완벽한 엄마가 될 필요 없습니다. 때로 흔들리지만 아이 앞에서 솔직히 드러내고 함께 헤쳐 나가는 사람이라는 것을 받아들이세요. 때론 아이와 함께 좌절을 겪으며 조절하는 방법을 찾아가고, 때론 아이에게 "미안해. 엄마도 완벽하지 않아"라고 말할 수 있는 유연함을 가지면 자녀와 더욱 가깝고 친밀하게 지낼 수 있습니다.

많은 엄마들이 힘들지만 아이를 키우는 과정에서 자신도 많이 달라진다고 말합니다. 아이에게 적절한 좌절을 제공할 줄 아는 엄마는 아이를 충분히 사랑하면서 스스로에게도 너그러운 시선을 보낼 수 있습니다.

　아이가 넘어진 자리에서 다시 일어날 때까지 기다려주는 것, 그 짧은 기다림 속에서 아이는 평생을 지탱할 내면의 힘이 자라납니다. 아이는 모든 것을 얻지 못해도 사랑받을 수 있다는 깨달음을, 완벽하지 않아도 충분히 좋은 엄마라는 위안을 얻습니다.

완벽하고자 하는 발버둥 뒤에 숨은 두려움
자격을 갖춰야만 인정받을 수 있다는 불안감
나의 가치를 높이고자 애써온 것들이
사실은 자존감을 떨어뜨리고 있었다.
더 잘하려고 애쓰지 않아도 된다.
지금, 여기 존재하는 것만으로 충분하다.

Part 4
당신이 할 수 있는 만큼만 하면 된다

1
존재감도 인증이 필요한가?

영화 〈그녀(Her)〉에서 주인공 테오도르는 이혼의 아픔을 겪은 뒤, 인공지능 사만다와 사랑에 빠집니다. 처음에는 따뜻하게 자신을 위로해주는 사만다를 통해 테오도르는 결핍을 채우고, 누군가에게 이해받고 있다는 감정을 온몸으로 느낍니다. 하지만 사만다에게 점점 더 많은 것을 확인받으려 하면서, 그의 욕구는 무한히 커져갑니다.

사만다가 동시에 수많은 이용자와 교감하고 있다는 사실을 알게 되었을 때, 테오도르는 심한 고통에 휩싸입니다. 누군가에게 절대적인 사랑과 헌신을 받고 싶었던 그는 한순간에 배신당했다고 느낍니다. 하지만 테오도르는 그제야 진정으로 채워야 할 결핍이 무엇이었는지 마주했습니다.

사랑을 갈망하다 보면 종종 자신이 처한 현실보다 이상적인 환상에 빠져듭니다. 그리고 그 환상이 꺾이는 순간 우리는 스스로를 더 깊은 수렁 속으로 밀어 넣습니다. 결핍은 드러내지 않는다고 사라지는 것이 아니라, 의식하지 못할수록 더 강력하게 우리를 휘감습니다. 우리가 진정으로 배워야 할 것은 타인의 사랑이 내 결핍을 완전히 채워주지 않는다는 사실입니다.

자기심리학자 하인츠 코헛은 어릴 때 충분한 자기대상을 경험하지 못했다 하더라도, 성인이 되어 새로운 경험을 통해 결핍을 재구성할 수 있다고 합니다. 상담, 자기 돌봄, 의미 있는 관계 맺기 등을 통해 스스로를 지탱하는 힘을 기르는 것입니다.

어느 새벽, 후배가 울면서 전화를 걸어 이렇게 말했습니다.

"언니, 나는 사랑을 확인받고 싶어. 그래서 사랑을 구걸하다 거절당하면 상처 입고 울면서 돌아누워. 내가 꿈틀거리는 벌레 같아."

당시에는 그 말이 무슨 뜻인지 이해하지 못했습니다. 감정 조절을 잘 못 하는 후배의 철없는 고백 정도로만 여겼습니다.

시간이 흘러 비슷한 이야기를 털어놓는 이들을 만납니다. 가슴을 파고드는 공허함을 채우고 싶다는 호소는 비단 그녀만의 이야기가 아니었습니다.

끊임없이 확인받고 싶은 심리

...

사랑을 갈망하는 마음은 인간이라면 누구나 가진 자연스러운 본능입니다. 어릴 때 우리는 양육자의 포근함과 다정함을 통해 내가 존재해도 괜찮고, 누군가는 나를 보살펴준다는 안정감을 쌓아갑니다. 그런데 그 안정감이 제대로 채워지지 못했거나 필요 이상으로 흔들리는 관계 속에서 자랐다면, 내면 어딘가에 텅 빈 공간이 생길 수 있습니다. 과연 내가 사랑받을 가치가 있는 사람인가 하는 불안감이 깃드는 것이죠. 어른이 되어도 그 의문은 쉽게 사라지지 않습니다. 누군가를 만날 때마다 이 사람이 나를 진심으로 아껴줄지 의심하고, 나 아니면 안 된다고 말해주기를 바라는 확인 욕구로 이어집니다.

하인츠 코헛은 자기심리학을 통해 사랑받고자 하는 욕구와 결핍을 설명합니다. 인간에게는 자기애적 욕구가 있으며, 이는 성장 과정에서 부모나 중요한 타인의 정서적 지지와 관심을 통해 충족되어야 합니다. 이때 핵심이 되는 개념이 바로 자기대상입니다. 코헛은 발달 과정에서 자기애적 욕구가 충족되지 않으면 혼란과 상처가 뒤따른다고 보았습니다. 자기대상은 자신의 마음을 안정시키기 위해 특별히 의지하는 사람이나 존재를 말합니다.

코헛에 따르면, 인간의 발달 과정에서 3가지 주요 자기대상이 있습니다. 첫 번째는 거울 대상으로 우리를 비춰주는 외부의 존재입니다. 부모나 가까운 사람이 보여주는 긍정적인 반응, 칭찬, 인정 등을 통해 내가 사랑받을 만한 존재라는 자존감이 생깁니다. 두 번째는 이상화 대상입니다. 이상적이라고 느끼는 사람을 통해 안정감과 보호를 받으며 자기가치감을 키웁니다. 마지막으로 쌍둥이 대상은 자신과 비슷한 대상을 통해 사회적 소속감을 느끼며 세상과의 연결을 경험합니다.

어린 시절 부모나 주변인들이 충분히 "너는 소중해", "우리는 서로 닮은 점이 많아"라고 인정해주지 않았다면, 성인이 되어서도 결핍을 간직한 채 누군가에게 애정과 인정을 갈구하게 됩니다. 하지만 누군가의 사랑이나 관심만으로는 내 안의 빈자리를 전부 채우기가 어렵습니다.

은영 씨는 남편이 자기를 사랑한다고 해도 잘 느껴지지 않아 허전하다며 눈물을 흘렸습니다. 남편이 잠시라도 표현을 주저하면 불안이 밀려왔고, 이 불안이 커질수록 '나를 사랑하는 거 맞냐'는 질문으로 남편을 몰아붙였습니다. 남편도 점점 지쳐가면서 둘 사이에 작은 틈이 벌어지기 시작했습니다. 은영 씨는 자신의 삶이 왜 남편에게만 매달리게 되었는지 스스로에게 물으며, 어릴 적부터 쌓여온 결핍을 돌이켜보았습니다.

인증해야 인정받을 수 있는가?

• • •

우리는 마음의 결핍을 어떻게 다루어야 할까요? 우선 타인이 내 모든 결핍을 채워줄 수 없다는 사실을 인정해야 합니다. 사랑은 분명 큰 위안이 되지만, 그것만으로는 나 스스로를 지탱하기 어렵습니다. 나의 결핍은 내가 직접 보듬어주는 것이 출발점입니다. 내 기분이나 가치가 전적으로 상대방의 반응에 달려 있다면, 언제나 불안하고 허전할 수밖에 없습니다.

그리고 자신에게 친절해야 합니다. 우리는 종종 사랑받을 가치가 없다고 스스로를 몰아세웁니다. 못났다, 게으르다, 미흡하다, 부족하다는 말로 자신을 깎아내리곤 합니다. 그러나 마음속 결핍을 조금씩 채워나가는 데는 내가 나를 받아들이고 응원하는 태도가 아주 중요합니다. 작은 사치나 취미, 몸과 마음을 돌보는 습관 등을 통해 나 자신이 즐겁고 편안해질 수 있는 선택을 늘려보세요. 사랑이 꼭 누군가의 확인으로만 완성되는 것은 아닙니다. 스스로 기뻐하고, "이 순간 내가 괜찮다"는 마음이 모여 결핍을 서서히 덮어줄 것입니다.

마지막으로 사랑의 방식에 대해 서로 소통해야 합니다. 당신의 행동이 나를 불안하게 만든다고 비난하는 대신, 내가 사랑받고 있다고 느끼려면 이런 표현이 조금 더 필요하다고 구체적으로 말하세요. 그러면 상대방은 당신의 요구를 더 명확히 이해할 수 있습니다. 마음속 결핍을 숨기지 말고, 내가 어떤 부분에서 아쉽고 서운한지를 솔직하게 전해보세요. 그럼에도 상대방이 충족해주지 못한다면 상대가 나를 배신한 것이 아니라, 그 역시 한계가 있다는 뜻입니다. 그 한계를 인정하고, 남은 부분을 스스로 채워나가야 합니다.

사랑을 갈망하는 마음은 인간이 가진 가장 보편적이면서도 절실한 욕구입니다. 그 욕구를 외부에서 채우려 할 때, 우리는 더 자주 흔들리고 상처받습니다. 불확실한 세상에서 나를 지탱하는 힘은 꽤 자주 내 안에서 자라납니다. 오래전 새벽, 후배에게 답해주지 못했던 말을 지금 하고 싶습니다.

"사랑받고 싶은 마음은 자연스럽고 소중한 거야. 하지만 그 갈증을 전부 남에게서만 채우려고 하면, 네 자신은 더욱 허기질 수밖에 없어. 그러니 조금씩이라도 네 마음을 돌봐야 해. 스스로에게 건네는 인정과 다정함이야말로 큰 치유가 될 거야."

나를 향한 부드러운 손길로 결핍의 상처를 어루만지면, 어둠 속에서 떨며 '사랑해줘'라고 속삭이던 목소리가 언젠가는 '나는 괜찮아'라는 단단한 속삭임으로 바뀔 것입니다. 결핍의 웅덩이에서 허우적대던 날들이 있었지만, 오늘 당신은 그 물웅덩이를 건너 더 넓은 바다를 바라볼 용기가 있습니다.

사랑의 가장 깊은 울림은 외부가 아닌, 자신의 심장에서 시작됩니다. 그 울림이 당신의 모든 공허함을 채우고, 그림자를 걷어내며, 마침내 온전한 빛으로 당신을 비출 것입니다.

2
완벽주의자인가, 겁쟁이인가?

"I was perfect. It was perfect.(완벽했어.)"

영화 〈블랙 스완〉에서 주인공 니나가 마지막으로 내뱉는 이 말은 완벽주의의 대가를 상징적으로 보여줍니다. 무용수인 니나는 평생을 갈망하던 〈백조의 호수〉의 무대에서 주역으로 춤을 춥니다. 마지막 백조에서 흑조로 변신하는 장면에서 니나는 자신의 모든 감정을 쏟아냅니다. 그녀의 동작은 점점 더 강렬해지고 관객은 숨죽이며 그 광기와 아름다움에 압도됩니다. 그러나 이미 니나는 상처 입은 채 무대에 오른 상태입니다. 마지막 동작에서 하늘로 팔을 뻗은 뒤 그녀는 무대 위에 조용히 쓰러집니다. 그토록 원하던 완벽한 백조를 표현했지만, 니나는 피를 흘리며 미소를 짓습니다.

우리는 종종 일에서, 관계에서, 또 나 스스로에게 무의식적으로 '더 나아져야 해', '완벽해져야 해'라고 말합니다. '조금 더 열심히, 조금 더 잘해야지'라고 스스로를 채찍질하며, 목표에 도달하지 못하는 자신을 비난하기도 합니다. 완벽주의는 그 자체로 역설적인 속성을 가집니다. 완벽을 향한 열망은 오히려 우리를 결핍으로 몰아넣기 때문이죠.

완벽해지려는 욕구의 이면에는 실패에 대한 두려움, 그리고 타인에게 인정받지 못할 것이라는 불안이 자리하고 있습니다. 내면 깊숙이 뿌리박힌 완벽함에 대한 강박이 우리에게 좌절과 고통을 안겨줍니다.

정신분석학자 카렌 호나이는 완벽주의의 밑바탕에 불안이 깔려 있다고 말했습니다. 어린 시절 부모의 기대와 압박 속에서 무력감을 느끼면 성인이 되어서도 완벽해야만 불안을 해소할 수 있다는 믿음으로 이어집니다. 이들은 실수를 허용하지 않으며, 항상 최고의 상태에 머물러야 한다는 압박에 시달립니다. 호나이는 이를 당위의 폭정이라 불렀습니다. 자신에게 이러이러해야 한다는 수많은 기준을 부여하고, 그 기준을 지키지 못할 때 강한 자책과 좌절을 경험하는 것이지요.

완벽주의 뒤에 숨지 마라

예선 씨도 완벽주의자였습니다. 그녀의 삶은 수많은 '해야만 한다'로 둘러싸여 있었습니다. 어린 시절부터 엄마에게 야단맞지 않기 위해 울어서는 안 되었고, 아버지에게 인정받기 위해 죽을 만큼 공부해야 했습니다. 게으름을 피우거나 화를 내는 것도 용납되지 않았습니다. 겉으로 보기에 예선 씨의 삶은 성공적이었습니다. 명문대 진학, 좋은 직장, 부모님이 원하는 결혼까지 전부 해냈지만 정작 본인은 지쳐 있었습니다. 그녀는 점점 빛을 잃어가는 느낌을 받았습니다.

예선 씨는 매일 4시간 이상 잠을 잔 기억이 없을 정도로 자신을 몰아붙였습니다. 주변에서는 그녀를 완벽한 사람이라고 칭찬했지만, 정작 본인은 끝없는 피로감과 불안을 느끼고 있었습니다. 예선 씨는 힘없는 목소리로 말했습니다.

"저는 스스로를 기계처럼 대했어요. 감정이란 건 쓸데없는 거라고 생각했죠. 그런데 이제 더는 버틸 수 없어요. 제 안의 빛이 사라져가는 느낌이에요."

예선 씨는 완벽주의의 원인이 어린 시절의 불안과 부모의 기대에서 비롯되었음을 깨닫게 되었습니다. 부모님의 기준을 충족하지 못했을 때 느꼈던 두려움과 상실감이 성인이 되어서도 그대로 남아 있었습니다.

예선 씨는 처음으로 자신의 불안과 감정을 마주했습니다. 예전에는 감정이 문제를 해결하는 데 도움되지 않는다고 여겼지만, 그녀는 감정이야말로 자신을 이해하고 스스로에게 친절해지는 데 필요한 열쇠라는 것을 알게 되었습니다. 또한 자신에게 맞는 현실적인 기준을 새로 세우기 시작했습니다.

"더 이상 완벽해지려고 애쓰지 않을 거예요. 대신 내가 정말 원하는 게 무엇인지 찾아볼 거예요."

예선 씨는 그 마음을 행동으로 옮겼고, 네모난 상자를 벗어난 듯 차츰 숨통이 트이는 것을 느꼈습니다.

완벽주의는 자신에게만 영향을 미치는 것이 아니라, 대인관계에도 깊은 흔적을 남깁니다.

소미 씨는 30대 중반의 직장인으로, 팀장을 맡아 늘 최고의 결과를 내려고 했습니다. 그런데 그 강박이 커질수록 팀원들에게 결코 실수를 허용하지 않았고, 사소한 문제도 예민하게 반응했습니다. 결국 팀원들은 그녀를 피하고 소통을 꺼리게 되었습니다. 그녀의 상사도 조금만 여유를 갖고 팀원들을 믿어보라고 충고했습니다. 소미 씨는 "난 그저 완벽하게 하고 싶었을 뿐이에요"라며 눈물을 보였습니다.

그녀는 타인을 완벽하게 통제함으로써 본인의 실패를 막으려 했음을 깨달았습니다. 실패해서 비난받으면 어떡하나 하는 불안을 회피하려다 보니 다른 사람들을 옥죄었던 것이죠.

완벽주의의 뿌리는 대부분 어린 시절로 거슬러 올라갑니다. 우리는 부모나 보호자로부터 사랑과 인정을 받기 위해 끊임없이 노력했습니다. 그들의 기대에 부응하지 못했을 때 느꼈던 실망감은 나는 완벽하지 않으면 사랑받을 수 없다는 신념을 심어주었습니다. 중요한 일을 할 때마다, 관계를 맺을 때마다 무의식적으로 자신에게 완벽을 요구합니다. 그렇게 완벽해야만 한다는 잣대를 스스로에게 들이대며 살아갑니다. 호나이는 이런 심리가 자아를 파괴한다고 지적했습니다. 하지만 우리가 추구하는 이상적인 자아는 실제로 도달할 수 없는 환상일 뿐입니다. 그 허상을 좇아 끊임없이 스스로를 몰아붙입니다.

완벽보다 '지금 당장' 시작하는 것이 낫다

정신분석학자 도널드 위니컷은 '충분히 좋은 것이 오히려 더 낫다'고 말했습니다. 아이러니하게도 우리는 완벽해지려고 애쓰지만, 사실 완벽함은 애초에 이룰 수 없습니다. 하지만 "딱 이 정도면 괜찮아"라고 여길 때, 우리의 마음은 훨씬 더 평안하고 애정 어린 시선을 스스로에게 건넬 수 있습니다. 문제 해결에 지나치게 집착하지 않고, 상황에 맞춰 유연하게 대처할 여유가 생기기도 합니다.

완벽주의는 사실 완벽하지 않으면 나는 가치 없는 존재가 될지 모른다는 두려움에서 비롯됩니다. 더 잘해야 한다고 자신을 끊임없이 몰아세우고 있다면, 잠시 멈춰서 지금 내 속에 어떤 감정이 자리 잡고 있는지 돌아보세요. 두려움, 긴장, 그리고 스스로에 대한 냉혹한 시선이 얽혀 있지 않은가요?

완벽한 백조가 되려다 무대 위에서 쓰러진 니나처럼, 우리는 종종 자신의 날개를 스스로 부러뜨립니다. 이 정도면 충분하다고 속삭여보세요. 그 한마디가 당신의 날 선 영혼을 부드럽게 감싸줄 것입니다. 완벽의 족쇄를 풀고 나면, 비로소 당신은 진정한 자유를 만납니다.

실패와 상처, 그리고 불완전함까지 모두 안고 날아오르는 순간, 당신의 삶은 가장 아름다운 춤이 됩니다. 그토록 두려워하던 실수들이 사실은 가장 진실한 나를 만드는 물감이었음을 깨닫게 될 것입니다.

타인의 시선에 갇혀 완벽한 그림을 그리려고 애쓰지 마세요. 당신만의 선으로, 당신만의 색으로 물들인 캔버스가 오히려 더 빛납니다. 완벽하지 않기에 더욱 빛나는, 당신만의 춤을 춰보세요. 오늘, 바로 지금, 더 이상 미루지 말고 스스로를 있는 그대로 껴안아보세요. 당신은 이미 충분합니다.

3
신뢰의 온도는
36.5도

찰스 디킨스의 소설 《크리스마스 캐럴》에 등장하는 구두쇠 스크루지는 편집적 성향을 가진 사람들의 모습을 잘 보여줍니다. 스크루지는 사람들을 돈을 뜯어내려는 이기적인 존재로 여기며, 호의와 따뜻함조차 철저히 거부합니다. 결국 그는 스스로 고립된 채 외롭게 살아갑니다. 하지만 뒤늦게 과거와 현재, 미래를 비추는 유령들을 만나 세상을 적으로만 여긴 탓에 진정한 행복을 잃었다는 사실을 깨닫게 됩니다.

스크루지는 불신의 방패 뒤에서 오히려 자신이 가장 큰 손해를 보고 있었다는 것을 알게 되었습니다. 그는 사람들을 신뢰하지 않고 오직 자신의 이익에만 집착하며, 타인과 거리를 두고 살아왔다는 것을 알아차리죠.

"이 세상에 믿을 만한 사람은 없어요."

"나에게 친절하게 대해주는 사람은 분명 꿍꿍이가 있을 거예요."

"사람들이 내 뒷담화를 하는 것 같아 너무 불안해요."

일상에서 친절을 베푸는 사람에게조차 무슨 의도가 있을 것이라고 의심하는 순간, 내 마음에는 단단한 방패가 세워집니다. 이러한 심리는 타인을 깊이 불신하고 경계함으로써 자신을 보호하려는 무의식적인 노력입니다. 마음속에서 '저 사람이 나를 배신하면 어떡하지?'라는 작은 목소리가 속삭이는 것이죠. 문제는 방패가 너무 두꺼워지면, 결국 고립과 외로움만 짙어질 뿐이라는 점입니다.

서른다섯 살의 직장인 수진 씨는 친구가 작은 선물을 건네면 꿍꿍이가 있는 것은 아닌지, 동료가 좋은 아침이라고 인사하면 겉으로는 호의적으로 대하면서 뒤로는 자기 험담을 하는 것은 아닌지 의심했습니다. 이런 마음이 행동과 표정에도 묻어나 동료들은 그녀와 거리를 두었습니다.

수진 씨는 가까웠던 친구에게 큰 상처를 받은 기억, 어린 시절 무뚝뚝한 부모 밑에서 성장한 경험들이 쌓여 사람을 믿지 못하게 되었습니다.

"신뢰하는 게 무슨 소용이 있을까요? 결국엔 실망만 남을 텐데. 차라리 처음부터 경계하는 게 마음 편해요."

수진 씨는 이렇게 말하면서도 밤마다 외로움 속에서 잠을 설치곤 했습니다.

너무 차갑지도, 너무 뜨겁지도 않게

• • •

불신과 의심은 단순한 성격 문제가 아닙니다. 그 뒤에는 사람을 믿었다가 배신당하면 안 된다는 무의식적인 두려움이 깔려 있습니다. 어린 시절 부모에게서 안정적인 애착을 형성하지 못했거나 몇 번의 관계에서 깊은 배신을 경험했다면, 또다시 마음을 열었다가 상처받을 바엔 처음부터 문을 닫겠다고 결심합니다. 사랑과 돌봄을 경험해야 할 시기에 신뢰가 깨지면 불신이 그 자리를 대신합니다. 심리학자 에릭 에릭슨이 말한 신뢰 대 불신의 단계(인간 발달의 8단계 중 첫 번째 단계로 출생부터 18개월까지 기본적인 신뢰감이 형성되는 시기)가 제대로 이뤄지지 않으면, 세상 전체가 나에게 적대적인 것처럼 느껴질 수 있습니다.

물론 의심의 방패가 전혀 근거 없는 것은 아닙니다. 실제로 누군가는 우리를 실망시키거나 이용하려 들 수도 있습니다. 하지만 모든 사람을 잠재적 가해자로 여기면 정작 우리에게 도움이나 호의를 주려는 사람마저 밀어내게 됩니다. 그렇게 끝없이 경계하는 가운데 삶이 삭막해지고, 마음 한구석에는 고립감이 짙어집니다.

믿을 수 없어도 믿어보라는 말은, 그런 두꺼운 방패에 작은 틈을 내보자는 의미입니다. 신뢰는 완벽한 확신에서 출발하는 것이 아니라, 이번에는 혹시 다를지도 모른다는 작은 가능성을 열어두는 것으로 시작됩니다.

수진 씨는 소소하지만 의미 있는 변화를 시도했습니다. 친구가 무심코 건네는 작은 호의를 받아들일지 말지를 망설이다가, 이번에는 그냥 "고마워" 하고 받았습니다. 예전 같으면 '왜 이걸 주지? 뭘 원하는 거지?'라고 의심하며 거절했을 것입니다. 하지만 이제는 별다른 의도가 없을 수도 있다고 받아들이기로 했습니다. 처음에는 뭔가 불안하고 어색했지만 나를 향한 작은 친절을 있는 그대로 받아들이는 순간 낯선 안도감을 맛보았습니다. "아, 정말 아무 일이 일어나지 않는구나. 이 사람은 그냥 나에게 잘해주고 싶었을 수도 있겠네." 그러면서 조심스레 "믿어봐도 좋을 만큼 세상이 나쁘지는 않을지도 모른다"는 깨달음이 깃들었습니다.

작은 용기가 쌓여 또 다른 기회를 만들어냅니다. 그동안 사람들의 대화를 멀리서 지켜보기만 하던 수진 씨는 회사 동료들이 함께하는 점심 약속에 슬쩍 참여 의사를 밝혔습니다. 혹시 나 없을 때 내 욕을 했던 건 아닐까 하는 의심과 불안이 완전히 사라지지는 않았지만, 그보다 사람들이 내 이야기를 들어준다는 마음이 더 컸습니다.

의심과 불신을 당장 없앨 수는 없습니다. 상처받았던 기억이나 보호받지 못한 과거의 기억이 한순간에 사라지지도 않습니다. 그러나 아무도 날 배신하지 못하도록 문을 걸어 잠그다 보면, 문 너머에 있는 희미한 온기마저 놓치게 됩니다.

딱 체온만큼의 온기

• • •

마음의 방패를 허물기 어렵다면 작은 창문을 내보는 것이 어떨까요. 의심이 올라오면 내가 또 두려워하는구나라고 알아차리고, 일말의 진심이라도 조금씩 받아들이려는 연습이 필요합니다. 정직한 자기 고백도 큰 힘이 됩니다. "사실은 내가 예전에 상처받아서 그래. 지금 네 호의를 있는 그대로 받아들이기가 쉽지 않아"라고 솔직히 털어놓으면 상대방이 당신을 이해해줄 것입니다.

물론 마음의 문을 연다고 해도 모든 사람이 우리를 배려해주거나 진심으로 대하지는 않을 것입니다. 그럼에도 불구하고 모두가 날 해치려 한다는 극단적인 결론에 머무르기보다는, 몇몇 사람은 내게 진심으로 다가올 수도 있다는 믿음이 삶을 훨씬 더 풍성하게 만듭니다. 신뢰는 서로 좀 더 나은 관계를 만들 수 있을지도 모른다는 희망을 줍니다.

믿을 수 없어도 믿어보기. 어쩌면 이것은 무수한 상처를 입은 영혼이 세상을 향해 내밀 수 있는 가장 아름다운 손길인지도 모릅니다. 두려움의 장막 뒤에서 떨고 있는 우리의 마음은 늘 안전한 곳만을 찾았지만, 그 안전함이라는 이름의 감옥 속에서 별빛 한 점 없는 밤을 지새웠습니다.

누군가 당신에게 건네는 작은 미소 앞에서 한 번쯤은 방패를 내려놓아 보세요. '고마워요'라는 말 한마디가 당신 안의 두꺼운

벽에 작은 균열을 일으킬 때, 그 틈새로 스며드는 따스한 빛이 오랫동안 얼어붙었던 당신의 내면을 녹여줄 것입니다. 완벽한 신뢰를 할 수 없다고 해서 모든 문을 닫을 필요는 없습니다. 별을 보기 위해 필요한 건 하늘 전체가 아닌, 구름 사이로 난 작은 틈 하나면 충분하니까요.

4
더할 나위 없이 쾌적한 사이

어느 추운 겨울날, 고슴도치들이 모여 있었습니다. 살을 에는 바람과 눈보라 속에서 혼자 견디기엔 너무 추웠던 그들은, 서로의 체온으로 따뜻함을 나누고자 가까이 모였습니다. 처음에는 아주 가까이 붙었습니다. "이렇게 하면 따뜻하겠지?"라고 생각하면서요. 하지만 곧 서로의 가시에 찔려 고통스러웠습니다.

"아야! 왜 자꾸 찌르는 거야!"

"네 가시가 내 옆구리에 박혔어!"

결국 고슴도치들은 서로 떨어졌습니다. 그러나 이번엔 너무 멀리 떨어져서 다시 추위에 떨게 되었습니다. 그들은 마침내 깨달았습니다.

"우리에게 필요한 건 서로를 찌르지 않으면서도 따뜻함을 나눌 수 있는 적당한 거리야."

그렇게 고슴도치들은 한 걸음 떨어져 자신만의 자리를 만들었습니다. 서로의 체온을 느낄 수 있을 만큼 가깝지만, 가시에 찔리지 않을 만큼의 거리를 두고서 이 절묘한 균형 속에서 그들은 따뜻한 겨울을 날 수 있었습니다.

사람 사이에도 이런 울타리가 필요합니다. 바람 잘 통하는 울타리를 쳐야 외부의 침범을 막으면서 적당한 온기와 바람으로 쾌적한 공간을 만들 수 있습니다. 심리학에서는 이를 바운더리(boundary)라고 부릅니다. 내가 어디까지 허용할 수 있고, 타인에게서 얼만큼 물러나야 하는지 정하는 것이 바로 마음의 울타리를 세우는 과정입니다.

우리의 마음은 작은 정원입니다. 울타리가 너무 낮으면 누구든 쉽게 들어와 꽃을 꺾고 잔디를 짓밟을 수 있고, 반대로 너무 높으면 햇살과 바람마저 막혀 정원이 시들어갈지 모릅니다. 바운더리를 세우는 일은 나의 정원을 보호하는 동시에 사람들이 적당히 드나들 수 있는 출입문을 만드는 것이지요.

가까워도 부담 없는 관계의 기술

• • •

부탁을 거절하지 못하는 은진 씨는 늘 자기 정원을 누구에게나 열어놓은 셈이었습니다. 직장 동료들이 도와줄 수 있냐고 물으면 망설임 끝에 결국 "네"라고 답했고, 집에서도 가족들과 함께 식사 후 혼자 부엌에 남아 묵묵히 설거지를 했습니다. 그렇게 남의 일을 떠안으며 살다가 어느 순간 문득 고개를 숙이고 중얼거렸습니다.

"왜 나만 힘들지?"

그런데도 다시 "거절하지 못한 내 탓이지"라며 마음을 닫고 말았습니다. 은진 씨의 마음에는 울타리가 거의 없었습니다. 누구나 들어와 자유롭게 마음의 에너지를 가져가 버렸지요. 정작 자신을 보호하거나 돌보는 일은 늘 뒷전이었습니다.

반대로 민정 씨는 벽을 너무 높게 쌓아 고립되었습니다. 대학 시절부터 가까운 친구가 고민을 털어놓아도, '그래서 어쩌라고'라는 식으로 무심하게 대했지요. 이렇듯 마음의 출입문을 꽁꽁 닫고 있으니 오랜 친구조차 다가서기 어려웠습니다. 민정 씨는 자신을 이해해주는 사람이 없다고 투덜댔지만, 돌아보면 스스로 만든 벽으로 인해 더 깊은 외로움에 빠졌습니다.

은진 씨와 민정 씨 둘 다 바운더리를 제대로 세우지 못한 채 힘들어하고 있었습니다. 바운더리는 누군가를 밀어내는 데 쓰는 것이 아니라 이건 나의 몫이고, 저건 너의 몫이라고 구분해 서로의 삶을 존중하기 위함입니다. 사랑이라는 이유로 모든 걸 대신 짊어지거나, 반대로 철벽을 치고 막아버린다면 관계는 삭막해질 수밖에 없죠. 딱 필요한 만큼 문을 열어줄 줄 아는 사람이 오히려 주변에 따뜻함을 나눌 수 있다는 사실은 아이러니하지만 진실입니다.

심리학자 네드라 타왑은 바운더리가 무너졌을 때 나타나는 신호가 있다고 했습니다. 모든 문제를 혼자 해결하려고 애쓰다 지친다거나, 나한테 무언가를 부탁할 것만 같은 사람을 피하고 싶은데 알고 보면 이미 많은 것을 주고 있다는 생각이 들 때, 도와줬지만 아무런 보상이나 인정 없이 오히려 상처가 남을 때입니다. 이미 너무 많은 걸 떠안고 있으니 울타리를 쳐야 한다는 신호입니다.

나의 정원에 꼭 맞는 울타리를 세워볼까요? 먼저 내 감정을 인식하는 일이 중요합니다. 하루 중 조금이라도 불편했던 순간을 적어보세요. "그때 왜 나는 고개를 숙였을까?" "어떤 감정이 올라왔을까?" 그러다 보면 내가 어느 지점에서 울타리를 치지 못했는지, 혹은 너무 높게 쳤는지 알게 됩니다.

"아니요"라고 말하는 연습이 필요합니다. 싫은 것을 싫다고 말하지 못하면 울타리를 충분한 높이로 세우지 못합니다. 처음에는 "지금은 어려울 것 같아요. 미안해요" 정도로 부드럽게 표현합니다. 그렇게라도 거절을 시도해보면 마음의 경계가 조금씩 생겨납니다. 타인의 감정은 그들의 몫임을 인식해야 합니다. 상대가 화를 내거나 실망한다고 해서 내 책임이 아닙니다. "그건 당신의 감정이고, 내가 도울 수 있는 만큼은 돕겠지만 나머지는 당신의 몫이야"라고 스스로에게 말할 줄 알아야 합니다.

내 감정과 타인의 감정 분리하기

· · ·

　중요한 것은 나도 지키고 상대도 존중할 수 있는 거리를 찾는 일입니다. 바운더리를 쌓는 것이 꼭 무례하거나 냉정하다는 뜻이 아닙니다. 오히려 바운더리가 없을 때 관계는 비틀어지기 쉽고, 울타리가 너무 높을 때는 말 그대로 서로가 다가설 수 없습니다. 적당한 높이의 울타리를 세워야 서로를 편안히 초대할 수 있고, 필요하다면 문을 닫고 나를 돌볼 수도 있습니다.

　관계에 문제가 생겼을 때, 내가 좀 더 참아야 하나, 아니면 아예 그 사람을 끊어야 하나라는 극단 사이에서 갈등하기 쉽습니다. 그러나 그 사이에는 울타리라는 중간 지점이 존재합니다. 사랑하되 스스로를 지킬 줄 알고, 지치지 않을 만큼만 도와주는 태도 말입니다. 릴케가 말했듯이 "누군가를 사랑한다는 것은 그를 위해 나 자신을 지키는 것"이기도 하지요. 내가 나를 돌보고 지켜야 타인을 진심으로 대할 수 있습니다.

　"나는 나를 보호할 권리가 있다. 그리고 타인의 경계를 존중할 의무가 있다."

　조용한 다짐이 쌓이면, 어수선했던 관계의 정원도 차츰 정리가 됩니다. 너무 가깝지도, 너무 멀지도 않은 그 지점에서 우리는 따뜻함을 나눌 수 있습니다. 그 바운더리 덕분에 나도 타인도 자유롭게 숨 쉴 수 있습니다. 지금 내가 어떤 사람에게 너무 지쳐 있거나, 반대로 나 때문에 누군가 벅차한다면, 울타리를 다시 세워야 한다는 마음의 신호입니다.

울타리를 세우는 일은 봄날 꽃밭을 가꾸는 것과 같습니다. 너무 촘촘히 심으면 뿌리가 서로 얽히고 햇빛과 물, 영양분을 충분히 나눠 가지지 못해서 제대로 자라지 못합니다. 반면 너무 듬성듬성 심으면 바람에 쉽게 꺾입니다.

너무 단단해진 울타리를 부드럽게 풀어내고, 때로는 너무 허물어진 경계를 다시 세우는 미세한 조정 속에서 우리는 조금씩 성장합니다. 타인의 침범에 상처받지 않으면서도, 고립의 쓸쓸함을 견디지 않아도 되는 그 균형점을 찾아가는 것이 삶의 여정이 아닐까요? 오늘 세운 작은 울타리 하나가 내일의 더 건강한 관계로 이어질 것입니다.

5
당신 혼자만으로도 충분하다

그리스 신화에서 말솜씨가 뛰어난 님페(자연의 정령) 에코는 신들의 여왕 헤라의 분노를 사서 남의 말의 마지막 한 마디만 따라 할 수밖에 없는 벌을 받게 됩니다. "거기 누구 없어?" 하면 그에 대한 대답은 못 하고 "없어?"라는 말만 되풀이할 수 있었습니다.

그러던 어느 날 숲속에서 아름다운 나르키소스를 보고 한눈에 사랑에 빠졌지만 자신의 감정을 표현하지 못했습니다. 결국 에코는 사랑하는 나르키소스의 말을 따라 하기만 하다가 슬픔에 빠져 몸은 사라지고 메아리만 남게 되었죠.

에코처럼 자신의 감정과 생각을 표현하지 못하고 타인의 말과 감정에만 반응한다면 결국 자신의 존재감을 잃고 맙니다.

누리 씨는 상담실 문을 열고 들어서자마자 의자에 주저앉습니다.

"남편이 없으면 저는 아무것도 아니에요. 그 사람 없이는 살 수가 없어요."

남편이 조금이라도 연락이 늦으면 마음이 폭풍처럼 무너져 내리고, 사랑받지 못할지도 모른다는 두려움이 그녀를 순식간에 덮쳤습니다. 남편을 통해서만 자신의 가치를 확인하려는 마음은 점점 더 강해졌고, 남편의 확인 없이는 일상의 사소한 결정조차 할 수 없었습니다.

그녀가 남편을 의존하게 된 데는 이유가 있었습니다. 오랫동안 가스라이팅을 당했던 연애의 상처, 어린 시절 감정 표현에 인색했던 어머니 밑에서 자란 경험이 지금의 불안으로 이어졌습니다. 누군가에게 온전히 기대야만 안전하다는 믿음은 결혼 후에도 계속되어 남편은 누리 씨에게 안전기지이자 절대적 보호자가 되었습니다. 그러나 이 극단적인 의존이 결국 남편을 지치게 만든다는 사실을 깨닫고서야 그녀는 뭔가 잘못되었음을 인식하기 시작했습니다.

누리 씨는 감정을 표현하지 못하는 환경에서 자라면서 온전히 순응해야 사랑받는다는 것을 끊임없이 습득하다 보니 불안정형 애착을 가지게 되었습니다. 의존적 성향은 사람을 한없이 순응적으로 만들면서 결국 자기 자신을 잃어버리죠.

기댈 수 있되, 홀로 서기

그러나 의존이 반드시 나쁜 것만은 아닙니다. 인간은 근본적으로 서로에게 어느 정도 의지하면서 살아가는 존재입니다. 완전한 독립을 이루기는 현실적으로 어려우며, 실제로도 우리 삶의 목표는 고립이 아니라 연결입니다. 다만 타인을 통해서만 내 존재를 확인하려 할 때 문제가 발생합니다. 스스로를 돌보지 못하고 상대에게 모든 것을 맡겨버리면, 결국 자신과 관계를 모두 잃어버립니다.

누리 씨는 가장 먼저 혼자 시간을 보내는 연습을 하기로 했습니다. 남편이 늦게 귀가하는 날, 남편이 돌아오기를 기다리며 불안하게 보내는 것이 아니라 운동을 하거나, 라디오를 듣거나, 책을 읽었습니다. 처음에는 힘들었지요. 하지만 불안이 밀려올 때마다 스스로에게 물었습니다.

"지금 이 순간, 남편 대신 내가 나를 어떻게 지지할 수 있을까?"

그 질문에 답하면서 작은 행동들을 반복하자, 남편 없이도 자신이 결코 사라지지 않는다는 사실을 깨닫기 시작했습니다. 남편의 부재가 이전처럼 두렵게만 느껴지지 않았고, 남편에게 온 감정을 쏟아붓고 매달리는 일이 줄어들자 관계도 한결 좋아졌습니다. 남편도 마음이 훨씬 가벼워졌다고 털어놓았습니다.

하인츠 코헛은 인간이 자기존중감을 유지하기 위해서는 타인의 지지와 공감이 필요하다고 보았습니다. 하지만 그 대상이 만능 해결사가 되기를 기대하면 문제가 생긴다고도 지적했습니다. 누리 씨가 남편에게 바랐던 것처럼 말이에요.

물론 지나친 독립도 바람직하지만은 않습니다. 우리는 누구나 서로에게 기대고 연결되며 살아가는 존재이기 때문입니다. 완전한 고립을 지향하다 보면 자아가 병들고 삶이 삭막해질 수 있습니다. 중요한 것은 서로에게 의지하되 나 자신을 잃지 않는 일입니다. 나는 나대로 온전하되, 필요할 때 도움을 주고받고, 상대 또한 스스로 설 수 있도록 격려해주어야 합니다.

누군가에게 나를 온전히 맡겨버리는 순간, 나라는 존재는 점점 흐려지다가 결국 사라집니다. 에코처럼 말이에요. 의존의 핵심은 누군가를 의지해서는 안 된다가 아니라, 나 자신을 잃지 않으면서도 타인에게 적당히 기대며 함께 성장하는 관계를 맺는 것입니다. 외롭고 힘들 때 누군가 위로와 용기를 주는 것은 자연스럽고 귀한 일입니다. 다만 상대방이 없을 때 내 삶이 무가치하게 느껴진다면 의존이 이미 경계를 넘어선 것입니다.

혼자 할수록 더 좋은 것들

누리 씨가 힘들었던 이유는 오로지 남편이 있어야 마음이 편안하다고 믿었기 때문입니다. 그러나 자신의 감정은 스스로 돌봐야 합니다. 자신만의 시간을 가지며 사소한 취미를 즐기고, 불안이나 두려움이 올라올 때는 내 힘으로 무엇을 할 수 있는지 스스로에게 물어보면서 온전한 나로 설 수 있을 때, 타인과 더 풍요롭게 연결될 수 있습니다.

"남편 없이는 살 수 없다고 생각했어요. 그런데 살 수 있더라고요. 그래도 함께하면 더 좋긴 하지만요."

누리 씨의 말 속에는 의존에 갇혀 있던 과거와, 건강한 상호의존을 배우며 성장한 현재가 담겨 있습니다. 타인에게 완전히 의존하는 방식으로는 완전한 행복에 이를 수 없습니다.

함께 있을 때 더욱 빛나되 혼자서도 무너지지 않는 것이 건강한 상호의존으로 가는 길입니다. 자신을 돌보는 힘을 기르는 일이 때론 외롭고 더디게 느껴질 수 있습니다. 그러나 그 과정에서 내가 나를 지지해줄 수 있다는 사실을 온몸으로 깨닫게 됩니다.

타인의 사랑을 더없이 소중하게 여기면서도 그 사랑에 전부를 내맡기지 않는 순간, 삶은 한층 자유롭고 따뜻해집니다. 오늘부터 작은 걸음을 내딛어보세요. 혼자 차를 마시고, 바람을 느끼며 산책하고, 괜찮다고 스스로에게 속삭여보는 사소한 일들이 모여 큰 변화를 이뤄냅니다.

6

무례함 앞에서
빛나는
우아한 자기주장

"줄 좀 빨리 움직이세요. 왜 그렇게 느려요? 뒤에 있는 사람이 답답하잖아요."

계산대의 긴 줄에 서 있던 한 중년 여성이 대뜸 말했습니다. 순간 주위의 공기가 차갑게 식었습니다. 앞에 있던 여성은 잠시 당황했지만 이내 환하게 웃으며 뒤돌아 이렇게 말했습니다.

"그럼요, 제가 이렇게 천천히 사는 덕분에 오늘도 아주 평온하답니다. 괜찮으시면 다음에 같이 천천히 걸어볼까요?"

그 말에 소리친 중년 여성은 아무 대꾸도 못 하고 머쓱해졌고, 주변에 있던 사람들 사이에는 웃음이 번졌습니다.

라디오에서 들은 이야기입니다. 이처럼 무례한 말을 받아넘길 때 재치와 여유가 있다면 얼마나 좋을까요? 하지만 대부분의 사람들은 그 순간 너무 당황해서 무슨 말을 해야 할지 모르다 집으로 돌아가서는 "그때 이렇게 말했어야 했는데!" 하고 후회합니다.

무례한 사람의 행동은 우리를 곤혹스럽게 만듭니다. 상대가 무심코 던진 한마디가 내 가슴에 비수처럼 박힐 때가 있죠. 그런 말을 아무렇지 않은 척 넘기다가도, 밤이 되면 그 말이 다시 떠올라 마음속을 어지럽히곤 합니다. 그때 왜 아무 말도 하지 못했는지 자책과 후회가 마음 한구석을 채웁니다.

그러나 무례한 사람에게 대응하지 못했다고 해서 나약한 사람인 것은 아닙니다. 오히려 마음이 따뜻해서인지도 모릅니다. 다른 사람을 불편하게 만들고 싶지 않아서, 관계를 망치고 싶지 않아서, 괜히 상황을 더 악화시킬까 봐 자신의 감정을 애써 억누릅니다. 하지만 내 감정을 묻어두는 일이 반복되다 보면, 마음속에는 분노와 억울함이 쌓이고 나 자신을 지키지 못했다는 무력감이 남습니다.

이때 필요한 것이 자기주장입니다. 자기주장이란 단순히 목소리를 높이거나, 내 의견을 관철시키는 것이 아닙니다. 자신의 감정과 생각을 솔직하게 표현하면서도 타인의 권리와 감정을 존중하는 의사소통 방식입니다. 우리는 보통 2가지 중 하나의 의사소통 방식에 익숙합니다. 하나는 폭발하듯 상대를 비난하고 공격하는 것이고, 다른 하나는 속마음을 꾹 눌러 삼키며 침묵하는 것입니다. 전자는 관계를 악화시키고, 후자는 억눌린 감정이 나를 잠식합니다. 자기주장은 바로 이 두 극단 사이에서 균형을 찾는 것입니다.

따뜻함과 단호함의 절묘한 균형

나를 지키되 상대도 존중하는 것, 그래서 나와 타인 모두의 감정을 상하게 하지 않으면서도 내 감정을 진실되게 표현하는 것이 바로 자기주장의 본질입니다. 자기주장은 내 감정을 먼저 알아차리는 데서 시작됩니다. 상대의 말이나 행동이 나에게 어떤 영향을 주었는지, 내가 무엇을 느끼고 있는지 인식하는 것입니다. 분노, 슬픔, 억울함, 혹은 무력감, 그 어떤 감정이라도 좋습니다. 그 감정을 외면하지 않고 인정하는 것부터 시작해보세요.

은경 씨는 직장에서 무례한 상사 때문에 심한 스트레스를 겪고 있었습니다.

"회의 중에 저를 무시하듯이 말을 끊고, 가끔은 제가 발표할 때 비웃는 듯한 표정을 지어요. 그럴 때마다 너무 화가 나는데, 그 순간에는 아무 말도 못 하겠더라고요. 그때는 그냥 참고 넘기는데 집에 돌아오면 그 상황이 계속 떠오르면서 왜 나는 아무 말도 못 했을까 하고 괴로워해요."

그녀는 먼저 자신이 느낀 감정을 언어로 표현하는 연습을 했습니다.

"상사가 내 말을 끊었을 때 저는 분노를 느꼈어요. 그리고 내가 존중받지 못하고 있다는 느낌이 들었어요."

구체적으로 표현하기 시작하면서 점차 자신의 감정을 더 명확히 이해할 수 있었습니다.

감정을 인식한 뒤에는 상대에게 어떻게 표현할지를 생각해 봅니다. 이때 가장 효과적인 도구 중 하나가 '나(I)' 메시지입니다. 상대방을 비난하지 않으면서도 자신의 감정과 욕구를 중심으로 내 입장을 명확히 전달하는 방법입니다. I 메시지를 사용할 때도 주의해야 할 것들이 있습니다. 첫째, 특정 행동을 언급하고, 둘째, 그 행동이 내게 어떤 영향을 주었는지 설명하며, 셋째, 내가 원하는 것을 구체적으로 요청하는 것입니다.

은경 씨는 상사의 무례한 행동에 이렇게 말할 준비를 했습니다.

"제가 발표할 때 말을 끊으시면 제 의견을 존중받지 못한다는 느낌이 들어서 속상합니다. 제 의견을 끝까지 들어주시면 감사하겠습니다."

"당신은 왜 늘 내 말을 무시하나요?"라는 말투와 달리, 상대가 방어적으로 반응하지 않도록 대화의 여지를 열어줍니다.

"상사가 처음엔 조금 놀란 듯했어요. 그런데 이후로는 제 말을 끝까지 들어주기 시작했어요. 무엇보다 내가 나 자신을 지킬 수 있다는 자신감이 생겼어요."

은경 씨는 I 메시지를 활용해 상사와의 대화에서 긍정적인 변화를 이끌어내면서도, 필요 이상의 갈등에 휘말리지 않도록 신중하게 상황을 선택하기도 했습니다.

"모든 사람과 싸울 필요는 없다는 걸 배웠어요. 하지만 내가 정말로 해야 할 말은 하고 싶어요. 그리고 그 말이 상황을 바꿀 수도 있다는 자신감을 얻게 되었어요."

주어는 언제나 '나(I)'

I 메시지는 단순한 대화 기술이 아닙니다. 내 감정이 무엇보다 중요하다는 것을 인식하고 내가 가장 존중받을 수 있는 방법을 선택해서 관계를 개선하고 나를 지키는 힘이 됩니다.

모든 무례한 상황에 즉각 자기주장을 해야 하는 것은 아닙니다. 때로는 상대를 무시하거나 거리를 두는 것이 더 현명한 선택일 때도 있습니다. 상대가 단순히 자신의 불편한 감정을 해소하려고 무례하게 행동한다면 굳이 논쟁에 휘말리지 않는 것이 좋습니다. 버스 정류장에서 낯선 사람이 이유 없이 불쾌한 말을 던진다면, 그 순간 맞서 싸우기보다 고개를 돌리거나 이어폰을 귀에 꽂아 무시하는 것이 더 나을 때도 있습니다. 상황에 따라 반응하지 않는 것이 내 에너지를 낭비하지 않는 최선의 방법이기도 합니다.

예를 들어 직장에서 무례한 행동을 반복하는 동료가 있다면 필요 이상의 대화를 줄이고 업무적인 이야기만 나누며 거리를 두는 것이 효과적입니다. 가족처럼 더 가까운 관계에서는 선을 긋기가 어렵겠죠. 반복적으로 비꼬는 친척의 말에는 대화를 다른 주제로 돌리거나 잠시 자리를 피하는 것도 하나의 방법입니다. 이는 관계를 끊기보다는 불필요한 갈등을 피하면서 나를 보호하는 건강한 거리 두기입니다.

어떤 반응을 할지 선택하는 기준은 나 자신이 얼마나 평온함을 유지할 수 있는가입니다. 적극적으로 목소리를 내야 할 때도 있지만, 침묵과 거리 두기가 필요한 순간도 있다는 것을 기억하세요.

물론 자기주장을 배우는 과정이 항상 쉽지는 않습니다. 처음에는 작은 상황부터 연습해보세요. 누군가 무례한 농담을 할 때 "그 말은 몹시 불편하게 들리네요"라고 말해보는 겁니다. 처음에는 어색할 수 있습니다. 하지만 자신의 목소리를 내는 연습을 하다 보면 무례한 행동에 침묵하지 않고 적절하게 대응하는 힘을 얻게 됩니다.

"우리는 삶 속에서 계속 배우고, 또다시 삶은 끊임없이 우리를 가르친다"라는 괴테의 말처럼 자기주장은 배움의 과정입니다. 무례한 사람과 마주칠 때 당신은 더 이상 피해자로 남지 않아도 됩니다. 당신은 자신을 지킬 수 있는 사람이기 때문입니다.

스스로를 존중하는 목소리는 때로는 속삭임처럼 조용할 수도, 때로는 산처럼 단단할 수도 있습니다. 어떤 목소리든, 그것은 당신의 영혼이 세상에 남기는 흔적입니다.

내가 느끼는 감정은 무엇보다 소중하며, 나 자신을 지킬 권리가 있습니다. 이것을 깨닫는 순간 가슴속에서 작은 용기의 불씨가 일렁이는 것을 발견하게 될 것입니다. 그 불씨를 키워나가는 것이 바로 우리가 더 단단하고 따뜻한 사람으로 성장하는 여정입니다.

7
나 자신에게
가장 친절하기

 옛날 어느 숲속 마을에 '착한 토끼'가 살고 있었습니다. 이 작은 토끼는 매우 부지런하고 친절했어요. 그래서 숲속의 모든 동물들에게 사랑을 받았습니다. 다람쥐가 도토리를 나르다 지치면, 토끼는 발바닥이 닳도록 뛰어가 돕고, 늑대와 다투고 상처받은 여우가 울음을 터뜨리면 밤새도록 곁에 앉아 하소연을 들어주었지요. 모두가 토끼를 칭찬했습니다. "착한 토끼는 정말 훌륭한 친구야!" 하지만 토끼가 밤마다 외로움에 몰래 눈물 흘린다는 걸 숲속 친구들은 알지 못했어요.
 그러던 어느 날, 사슴이 토끼에게 물었어요.
 "토끼야, 넌 정말로 착한 토끼구나. 그런데 너 자신에게도 착한 토끼니?"
 착한 토끼는 대답하지 못했습니다. 착한 토끼는 그제야 닳아버린 자신의 발바닥을 보았죠. 다른 동물들에게는 누구보다 친절했지만, 정작 자신에게는 조금도 친절하지 않았다는 사실을 알아차린 거예요. 토끼는 왜 이렇게 모든 이들에게 사랑받고자 애썼던 걸까요? 왜 스스로를 희생하면서까지 칭찬받고 싶었던 걸까요?

토끼에게 던진 질문은 나 자신에게 던지는 질문이기도 합니다. 어쩌면 우리 안에도 이 착한 토끼가 자리 잡고 있을 테니까요.

흔히 말하는 착한 아이 콤플렉스는 가토 다이조의 자녀교육서 《착한 아이의 비극》에서 제안한 말입니다. 타인으로부터 착한 아이라는 말을 듣기 위해 내면의 욕구나 소망을 억압하는 말과 행동을 반복하는 심리적 콤플렉스를 뜻합니다. 부모에게 버림받지 않기 위해 부모에게 순종하며 자신의 모든 욕구를 억압하는 것이죠. 부모가 조건부로 사랑을 표현할 때, "내가 사랑받으려면 착하게 굴어야 한다", "다른 사람의 기분을 맞추고 기대에 부응해야 안전할 수 있다"는 메시지를 배우고 습득하는 것입니다.

어린 시절부터 형성된 믿음은 성인이 되어서도 우리를 지배합니다. 곧 모든 사람에게 좋은 사람이 되어야만 할 것 같은 생각에 사로잡혀서 늘 상대의 요구나 부탁을 우선시하게 됩니다. 상사의 무리한 부탁에도 '아니요'라는 한마디를 하지 못하고, 친구의 불합리한 요구에도 미소로 응대하며, 가족의 무거운 기대를 짊어지고 마음속 깊은 곳에서 자신에게 속삭입니다.

'그래, 이 정도는 해야 사랑받을 수 있잖아. 좋은 사람이 되려면 참아야지.'

착한 역할만 하고 싶은 심리적 패턴

모든 사람에게 좋은 사람이 되고자 노력하며 타인의 기대를 충족시키는 데 과도한 에너지를 쏟다 보면 점점 더 깊은 피로와 공허함에 빠집니다. 모든 사람에게 사랑받는 것이 정말 가능할까요? 모든 관계에서 좋은 사람이 되려는 마음은 마치 오래된 자물쇠처럼 우리의 가슴에 걸려 있는지도 모르겠습니다.

모든 사람에게 좋은 사람이 되고자 하는 마음은 종종 불안에서 비롯되기도 합니다. 나를 미워하거나 나를 떠나면 어떡하지? 나한테 실망하면 어떡하지? 이런 불안과 두려움을 피하기 위해 끝없이 누군가의 요구에 응하며, 그들의 기대에 맞추려고 노력합니다.

인간은 기본적으로 타인에게 인정받고 싶은 욕구를 가지고 있습니다. 문제는 이 욕구가 극대화될 때입니다. 모든 사람의 기대에 부응하려다 보면 자기 자신과 점점 멀어지게 됩니다. 내가 정말로 원하는 것이 무엇인지, 나는 어떤 사람이 되고 싶은지를 살피지 못하고, 내가 남들에게 어떻게 보일지만을 생각하기 때문입니다. 내가 아닌 누군가를 위해 살아가는 셈이죠.

좋은 사람이 되고 싶은 마음이 나쁜 것은 아닙니다. 타인을 배려하고, 그들의 감정을 헤아리며 관계를 유지하려는 태도는 삶을 풍성하고 아름답게 만듭니다. 하지만 이 마음이 지나치게 나를 옭아맬 때, 우리는 스스로를 착취하게 됩니다. 좋은 사람이어야만 가치 있는 사람이라는 믿음은 우리를 끝없는 노력과 고통으로 이끌며, 결국 우리를 무너뜨릴 수도 있습니다.

심리학자 알프레드 아들러는 이렇게 말합니다.

"우리의 고통은 타인의 과제와 나의 과제를 혼동하는 데서 비롯된다."

누군가가 나를 좋아할지, 나를 어떻게 생각할지를 결정하는 것은 타인의 과제입니다. 나의 통제 범위를 넘어선 영역이죠. 반면 내가 어떤 선택을 하고 내 삶을 어떻게 살아갈지를 결정하는 것은 과제입니다. 하지만 우리는 너무 자주 타인의 과제에 개입합니다.

"내가 거절하면 저 사람이 나를 싫어하지 않을까?"

"내가 완벽하지 않으면 다른 사람들이 나를 무시할 거야."

아들러는 단호하게 말합니다. 타인의 과제는 타인의 몫이며, 나는 오로지 나의 과제에만 집중해야 한다고요. 이 말을 곱씹다 보면 한 가지 진리가 떠오릅니다.

"나는 세상의 모든 사람에게 사랑받을 수 없다. 그리고 그래도 괜찮다."

단순하지만 강력한 이 깨달음이야말로 좋은 사람이 되어야 한다는 마음의 그물을 벗어던지는 첫걸음입니다. 모든 사람에게 좋은 사람이 되려는 시도는 마치 모래성을 쌓는 것과 같습니다. 해안으로 밀려오는 파도에 우리의 노력은 매번 허물어지고, 점점 더 깊이 지쳐갑니다.

내가 선택할 수 없는 일은 신경 끄기

좋은 사람이 되어야 한다는 마음을 내려놓는 일은 단순히 남을 신경 쓰지 않겠다는 선언이 아닙니다. 그것은 자신을 삶의 중심에 두는 일입니다. 나의 삶이 타인의 기대를 위해 설계된 것이 아님을 인지하고, 그 삶의 중심축을 다시 바로 세우는 과정입니다.

"나는 지금 나를 돌보고 있는가?"

"내가 누군가에게 좋은 사람이 되고자 애쓰는 만큼, 나 자신에게도 좋은 사람이 되고 있는가?"

자신을 사랑하지 않는 상태에서 남을 사랑할 수 없습니다. 심리학에서는 이를 자기 돌봄이라고 부릅니다. 자기 돌봄은 단순히 건강관리나 스트레스 해소를 넘어, 내가 나를 존중하고 나의 한계를 인정하는 태도입니다. 모든 사람에게 좋은 사람이 되려고 애쓰는 대신, 내가 감당할 수 있는 만큼 선의를 베풀고, 내가 지킬 수 있는 만큼 약속을 하며, 무엇보다 나 자신에게 진실되게 살아가는 것입니다.

모든 사람에게 좋은 사람이 되고 싶은 마음을 내려놓으려면 용기를 가져야 합니다. 누군가 나를 좋아하지 않을 수도 있다는 사실을 받아들이는 용기, 누군가 나에게 실망할 수도 있다는 것을 받아들이는 용기. 이 용기를 가지기 위해 필요한 것은 바로 자기 사랑입니다. 나는 나로서 충분히 가치 있는 사람이라는 믿음, 나의 가치는 타인의 평가로 결정되는 것이 아니라는 확신이 우리를 지탱해줄 것입니다.

자신의 약함과 불완전함을 받아들이는 태도야말로 진정한 용기의 시작입니다. 내가 더 이상 모든 사람에게 사랑받을 필요 없다는 사실을 깨닫는 순간 비로소 우리는 자유로워질 수 있습니다.

착한 토끼가 자신의 발바닥을 보고 깨달았듯이 나의 시선을 자신에게 돌려야 합니다. 나에게 좋은 사람이 되는 법은 더 이상 타인의 기대에 휘둘리지 않는 삶을 선택하는 데서 시작됩니다. '아니'라고 말해보세요. 타인의 시선에 맞추려 애쓰지 말고, 내가 진정으로 원하는 것이 무엇인지 귀 기울여보세요. 나의 감정과 욕구를 존중하며, 나 자신을 소중히 여기세요.

거절할 때마다, 자신의 진실된 감정을 표현할 때마다 자신을 향한 작은 사랑의 씨앗을 심는 것입니다. 그 씨앗들이 모여 당신의 삶에 울창한 숲을 만들어줄 것입니다.

나를 대하는 나 자신의 태도가
결국 세상이 나를 대하는 기준이 된다.
그러므로 내가 나를 존중하면 세상도 달라진다.
내가 나를 존중하기 시작하는 순간,
세상도 더 이상 나를 아무렇게나 대할 수 없다.

Part 5
자기존중감이 회복되는 작고 단단한 시작

1
나는 나를 환대합니다

　제가 좋아하는 단어 중 하나가 '환대'입니다. 이 단어는 뭔가 고풍스럽고 우아한 느낌을 줍니다. 사전적 의미는 '반갑게 맞아 정성껏 후하게 대접함'입니다. 하지만 저는 환대라는 단어에서 단순한 대접 이상의 따뜻한 감정을 느낍니다. 환대는 손님을 극진히 맞아들이는 장면을 떠올리게 하기도 하지만, 그 이상으로 나의 존재 자체가 온전히 받아들여지는 듯한 기분이 느껴집니다.

　언제 당신은 깊은 환대를 느껴보았나요? 저에게는 특별한 기억이 있습니다. 30대 초반, 어느 가을, 몸과 마음이 무척 지쳐 혼자 조용한 시골로 여행을 떠났습니다. 며칠간 바람을 느끼며 시골길을 걷고 정갈한 음식을 먹으며 쉼을 누렸습니다. 여행 마지막 날 아침, 시골집 마당의 작은 화단 옆에 잠시 앉아 있을 때,

햇빛이 이름 모를 보랏빛 작은 꽃을 비추고 있었습니다. 이슬을 머금은 그 꽃에 시선이 멈추는 순간 말로 표현할 수 없는 신비한 아름다움 속에 잠겨 마치 온 우주가 나를 환영하고 감싸는 듯한 황홀함에 가슴 벅찬 감동을 느꼈습니다. 그 순간 느낀 것은, '내가 참 좋다'라는 감정이었습니다.

이것이 저에게는 나를 존재 자체만으로 괜찮다고 받아들이는 환대였습니다. 그 후로도 오랫동안 힘들고 지칠 때면, 몸은 가지 못하더라도 마음만은 자연스럽게 그 시골집 마당으로 돌아가 그 따스한 기억 속에 머물곤 합니다.

우리는 흔히 타인에게서 환대받으려 합니다. 누군가 나를 인정해주고 따뜻하게 맞아줄 때 비로소 자신이 가치 있는 존재임을 느낍니다. 그러다 보니 외부의 눈빛에 예민해지고, 작은 비난에도 쉽게 무너집니다. 나를 고스란히 받아줄 누군가를 찾으면서, 거절당할까 봐 두려움에 떠는 순간이 많아지기도 합니다. 그런데 가만히 생각해보면 나 스스로를 진심으로 맞아들이는 것만큼 중요한 환대는 없습니다.

심리학자 칼 로저스는 어떤 조건 없이 상대를 있는 그대로 수용하는 무조건적인 존중이 사람을 변화시키고 성장시킨다고 했습니다. 자기 자신에게도 마찬가지입니다. 어떤 결점이나 아픔이 있더라도 우선 있는 그대로 괜찮다고 받아주는 태도가 자기 자신에게도 절실히 필요합니다. 타인에게 충분한 칭찬이나 인정을 받지 못해도, 내가 나를 있는 그대로 환대해준다면 그 자체가 안정적인 자존감의 뿌리가 됩니다.

어떤 모습이라도 괜찮다

헨리 나우웬은 《상처 입은 치유자》에서 환대를 낯선 이들이 들어와 적이 아니라 친구가 되도록 만드는 열린 공간의 창조라고 설명했습니다. 진정한 환대는 상대를 자신의 방식대로 변화시키려 하지 않고 있는 그대로 머물 수 있는 공간을 허락하는 것입니다.

자신에게 환대를 베푸는 것도 마찬가지입니다. 우리는 종종 자신을 있는 그대로 받아들이기보다는 변화시키려 합니다. '나는 왜 이렇게 부족할까?', '조금 더 나아져야 하는데……' 이런 생각으로 자신을 몰아붙이기보다는 있는 그대로 자신을 따뜻하게 받아들이는 것이 자기 환대의 본질입니다.

어른이 되어서도 내가 있어도 되는 자리인지, 내 이야기를 마음 놓고 해도 되는지 불안하게 살피곤 합니다. 그러나 내가 먼저 나를 환대할 수 있다면, 그토록 갈구했던 외부의 인정 없이도 내면은 쉽게 흔들리지 않습니다. 단단한 뿌리를 지닌 나무처럼 거센 바람에도 쓰러지지 않습니다.

때때로 외롭거나 지친 순간에 맞닥뜨리면 "그래, 내가 나를 반갑게 맞아줄 수 있어"라고 속삭여보세요. 상처와 결핍마저 나의 일부임을 받아들이면, 그것을 달래고 어루만질 수 있는 힘도 내 안에서 생겨납니다. 가장 소중한 환대는 늘 가까운 곳에서 시작된다는 사실을 잊지 마세요.

오늘도 세상은 거친 바람을 몰고 올지 모릅니다. 하지만 내가 나에게 문을 열어주는 순간, 그 바람 속에서도 흔들리지 않을 든든한 중심이 생겨납니다.

"당신이 당신에게 머물러줄 수 있다면, 그 자체로 이미 충분히 아름다운 삶입니다."

이 말처럼, 나 스스로를 따뜻하게 환대하는 태도야말로 우리를 진정한 평온으로 이끌어줄 것입니다.

지친 밤, 내가 나에게 환대의 메시지를 보내봅니다.

> 오늘도 읽지 못한 메시지 수만큼 쌓인
> 네 마음의 미루어둔 질문들에게
> 청구서 더미 속에 묻힌 꿈처럼
> 매일 잊혀지는 작은 소망들에게
> 늦은 퇴근길 달력 속 지나간 약속들처럼
> 미처 챙기지 못한 너의 조각들에게
> 카페인으로 버티는 아침부터
> 알람을 미루는 피로한 밤까지
> 네 삶의 그 모든 불균형과 어긋남이
> 완벽하게 너를 이루는 퍼즐임을

택배 상자 속 뽁뽁이처럼
네 모든 깨지기 쉬운 순간들을 감싸 안으며
오늘은 그저 내 이름을 소리 내어 불러본다
사랑한다고, 네가 여기 있어 고맙다고.

2
다섯 글자의 마법, '그럴 수 있지'

"그래요. 그럴 수 있지요."

상대에게 종종 건네는 말입니다. 가끔 혼잣말로 중얼거릴 때도 있고요. 이 다섯 글자는 신기하게도 마음에 작은 안전망을 쳐줍니다. 내가 크게 잘못하지 않았다는 걸 부드럽게 알려주는 듯해서 적잖은 위로가 되곤 합니다.

삶은 예기치 못한 풍경으로 가득하지요. 황량한 겨울바다처럼 마음을 시리게 하는 순간이 있는가 하면, 벚꽃잎 흩날리는 산책길처럼 포근한 아름다움이 찾아오는 날도 있습니다. 그 변덕스러운 일상에서 '그럴 수 있지'라는 다섯 글자는 마치 비상시 에어백처럼 편안함을 줍니다. 특히 사람과의 관계에서 그렇습니다.

가족, 친구, 직장 동료를 비롯해 하루하루 스쳐 가는 이들과 부딪히며 작은 파동을 일으킵니다. 어떤 날은 따스한 온기로 서로를 감싸지만, 또 어떤 날은 이해하기 힘든 말과 행동이 마음에 깊은 주름을 새기지요. 그럴 때 "왜 저 사람은 나를 힘들게 할까?" "왜 저 사람은 나와 이렇게 다를까?" 하고 고민합니다.

하지만 한 번만 시선을 바꿔 마음속으로 '그럴 수 있지'라고 말해보세요. 이 말은 타인뿐 아니라 나에게도 쓰기 좋은 말입니다. 누군가의 하루가 얼마나 버거웠는지, 어떤 상황에 놓여 있었는지는 우리가 미처 알기 어렵습니다. 마찬가지로 전후 사정을 모르는 이들은 내 실수나 모자람을 비난할 수 있지요. 나도 어딘가 부족하고 흔들릴 수 있음을 인정하는 마음이 바로 '그럴 수 있지'라는 태도입니다.

얼마 전, 지하철역 앞에서 두 아이를 데리고 분주히 움직이는 한 어머니를 보았습니다. 한 손에는 장바구니를 들고 다른 손으로는 서로 장난치다 다투는 막내 아이를 붙잡느라 정신이 없었습니다. 그 모습을 본 어느 행인이 작게 중얼거렸습니다. "애를 저렇게 못 키우나 몰라."

그 어머니가 얼마나 지쳐 있었는지, 무슨 사정이 있었는지 우리는 알 수 없습니다. 그녀에게 말로 전할 수는 없었지만 마음속으로는 '그럴 수 있지, 애가 둘이면 얼마나 힘들까' 하고 위로의 말을 건네보았습니다.

여유를 잃는 날도 있고, 기대만큼 해내지 못해 자책하며 밤을 보내기도 합니다. 겉으로는 아무렇지 않아 보여도, 사실 어젯밤 얼마나 울며 지샜는지 모르는 일이죠. 성격이 나쁘거나, 무례하게 보여지는 말과 행동도 알고 보면 오랜 상처나 불안이 서툴게 표출된 것일 수도 있습니다.

변명이 아닌 저마다의 이유

　• • •

실수하거나 부족하다고 해서 가치 없는 사람인 것은 아닙니다. 물론 부당한 대우나 명백한 잘못을 보고도 '그럴 수 있지' 하고 그냥 덮으라는 의미는 아닙니다. 수용은 상대의 행동에 무언가 이유가 있겠다고 이해하려는 마음가짐입니다. 그리고 내가 지쳤을 수도 있구나, 지금은 좀 쉬어 가도 괜찮겠다고 자신에게도 허락하는 것입니다. 이렇게 부드러운 수용의 자세는 동정이 아니라 인간을 존중하는 것이기도 합니다.

오늘 하루, 누군가의 말이나 행동이 마음에 날카로운 돌멩이처럼 걸린다면, 잠시 바람이 지나가듯 마음속에 작은 속삭임을 흘려보세요.

"그래, 저 사람도 그럴 수 있지."

그리고 지친 당신에게도 같은 말을 건네보세요.

"나도 그럴 수 있지."

이 다섯 글자가 어깨를 짓누르던 무게를 덜어내고, 가슴 한구석에 맺혔던 서리를 녹여줄 것입니다. 삶의 굽이진 길에서 만나는 모든 얼굴들, 그리고 수많은 감정의 물결 속에서 우리는 자주 길을 잃곤 합니다. 하지만 그 헤맴 속에서도 '그럴 수 있지'라는 말은 어둠을 밝히는 작은 등불이 되어 우리를 제자리로 이끌어주지요.

밤하늘의 별빛처럼 멀게만 느껴지던 이해와 용서가 이 다섯 글자를 통해 손에 잡힐 듯 가까이 다가옵니다. 봄날의 새싹이 돌 틈에서도 싹을 틔우듯, 이 말 한마디가 단단했던 마음의 벽에 작은 균열을 내고 공감이라는 꽃을 피워냅니다. 우산이 되어 비를 막아주고, 길잡이가 되어 방향을 알려주며, 때로는 담요처럼 우리를 따스하게 품어줍니다.

이 작은 말 한마디가 가진 마법은, 어쩌면 우리 모두 같은 별 아래 숨 쉬는 동반자임을 상기시키는 데 있는지도 모릅니다. 서로의 불완전함을 받아들이며 그 속에서도 아름다움을 발견하는 순간 우리는 비로소 진정한 평화를 찾게 될 테니까요.

3
들키고 싶지 않은
내 모습

　매우 피곤했던 어느 날, 장례식장에 다녀오느라 검정색 정장을 입고 있었습니다. 저녁 늦게 저의 상담 선생님을 만났고, 그때는 상담도 몇 회기가 지나 내 마음속 더 깊은 곳으로 들어가고 있었습니다. 선생님이 조용히 말을 건넸습니다.

　"어떻게 들릴지 모르겠지만, 방금 선생님의 얼굴이 마녀 같아 보였어요. 마치 백설공주를 죽이려고 내쫓은 뒤 거울에게 '세상에서 누가 제일 예쁘니?'라고 묻는 왕비 말이에요. 얼굴이 차갑고 사나워 보이고, 뭔가를 강하게 증오하는 듯한 표정이에요."

　저는 당황해서 아무 말도 잇지 못했습니다. 그러자 선생님이 다시 물었습니다.

　"그렇게 싫은가요? 스스로를 바라보는 일이? 아니면 저에게 보여지는 자신의 모습이?"

우리 마음속에는 마주하기 '싫은 나'가 있습니다. 남들 앞에 보이고 싶지 않은, 나조차 모른 척하고 싶은 모습. 가끔은 마음 한구석에서 '싫은 나'가 고개를 들 때가 있습니다. 어쩌면 저의 그런 모습이 드러났던 것 같습니다. 그때는 외면하고 싶은 나머지 그 모습을 발견한 선생님이 원망스럽기도 했습니다. 하지만 그 순간이야말로 진짜 나를 발견할 기회인지도 모릅니다.

어린 시절 부모나 양육자와 맺은 관계에서 형성된 이미지와 감정이, 성인이 된 뒤에도 우리의 자아 인식에 큰 영향을 미친다고 합니다. 어린 시절에 많이 인정받고 사랑받았다면 자신을 긍정적으로 바라볼 확률이 크고, 반대로 결핍과 불안을 경험하며 자랐다면 '나는 부족하다', '사랑받을 가치가 없다'는 목소리가 내면을 가득 채우죠. 이렇듯 부정적인 자기 이미지가 깊이 각인되어 있을 때 내가 싫어지는 순간에 맞닥뜨립니다.

대상관계 이론에서는 이것을 내적 대상이라고 부르는데, 과거의 상처나 결핍에서 비롯된 부정적인 자기 이미지가 마음속에 자리 잡은 상태를 말합니다. 이 내적 대상을 외면하거나 억누르기만 하면, 더 큰 자기부정과 고통에 빠질 수 있습니다.

너무 멀어진 '진짜 자아'와 '거짓 자아'

· · ·

백설공주를 괴롭히는 마녀 왕비와 같았던 저의 표정은 인정받고 싶었지만 그러지 못했던 마음, 사랑받고 싶었지만 늘 기대에 못 미친다는 두려움, 그 결핍된 욕망들이 묘하게 뒤틀리고 굳어져서 제 얼굴에 드리운 것이었습니다.

마르셀 프루스트의 소설《잃어버린 시간을 찾아서》에는 주인공 마르셀이 마들렌 조각을 차에 적셔 먹으면서 어린 시절의 기억이 불현듯 떠오르는 장면이 나옵니다. 마들렌의 맛과 향이 잊고 지내던 기억들을 소환하고, 그 기억 속에서 자신이 감추고 싶었던 상처와 결핍을 발견하죠. 그 과정에서 마르셀은 과거의 나도 결국 나의 일부이며, 그 상처들이 모여 지금의 나를 만들었다는 것을 깨닫습니다.

프루스트는 진정한 발견은 새로운 풍경을 찾는 것이 아니라, 새로운 눈으로 보는 것이라고 말합니다. 내면의 상처를 부정하거나 덮어두는 대신, 그것을 새로운 눈으로 바라보고 받아들이는 것이야말로 자기 이해와 화해의 시작입니다.

정신분석학자 도널드 위니컷은 '진짜 자아'와 '거짓 자아'라는 개념으로, 우리가 왜 스스로에게서 낯선 모습을 발견하는지 설명합니다. 진짜 자아란 어린 시절부터 충분히 안전하고 수용적인 환경에서 자라난 결과, 자신의 고유한 욕구와 감정을 자유롭게 표현할 때 자연스럽게 만들어집니다. 이는 나만의 독특함을 그대로 인정받고, 주변의 눈치나 강요 없이 자신을 편안하게 드러내도록 허용해준 부모(혹은 양육자)의 돌봄에서 비롯됩니다. 진짜 자아는 외부의 평가에 크게 흔들리지 않는, 내면 깊숙한 곳의 자발적이고 진정한 감정입니다.

반면 어린 시절 상처나 압박을 받는 환경에서 자기 본연의 모습을 충분히 드러낼 수 없을 때, 아이는 살아남기 위해 외부의 기대나 요구에 맞춰 거짓 자아를 만들어냅니다. '착하게 굴어야만 사랑받을 수 있어', '화내면 절대 안 돼' 같은 메시지를 강하게 받으면, 진짜 속마음은 숨긴 채 겉으로는 무조건 착한 아이인 척하게 되지요.

거짓 자아는 어른이 된 뒤에도 습관처럼 나타나 진짜 감정과 욕망을 제대로 느끼지 못합니다. 위니컷은 진짜 자아에서 비롯된 감정과 욕망만이 우리를 진정한 평화로 이끌 수 있다고 말합니다. 거짓 자아를 벗어내고 진짜 자아를 회복하는 순간, 지금까지 억눌려 있던 감정과 욕망도 비로소 편안하게 숨 쉴 수 있습니다.

'진짜 자아'와 '거짓 자아' 모두 '나'

• • •

마녀 왕비처럼 굳은 얼굴 뒤에는 여리고 작은 소녀가 웅크리고 있었습니다. 남에게 잘 보이고 싶은 욕망과, 그것이 채워지지 않을까 두려운 마음이 한데 뒤엉켜서 제 얼굴에 차가운 가면을 씌운 듯했지요. 그날 제가 괴로워했던 건 마녀 같은 표정 자체가 아니라, 그 표정을 만들어낸 거짓 자아의 무게 때문이었습니다. 그 무거운 가면을 벗겨내려 하자, 마녀 같던 얼굴은 사르르 풀어지고 눈물이 흘렀습니다. 그러면서 "아, 이것이 내 진짜 자아는 아니었구나. 내면의 소녀는 그저 안전하게 보호받기를 바랐구나" 하고 인식하게 됐습니다.

위니컷을 비롯한 대상관계 이론 학자들이 공통적으로 말하는 핵심은 자신 안에 자리한 어둡고 불편한 자아를 있는 그대로 인정하는 것이 곧 나를 사랑하고 보듬는 첫 단계라는 점입니다. 내 안의 거친 부분도, 찬란한 부분도, 결국은 나라는 존재를 이루는 소중한 조각들이니까요. 결핍과 상처로 얼룩져 있다고 해도, 그것을 외면할수록 거짓 자아만 커져갈 뿐입니다. 반대로 "그래, 이 모습도 나의 일부야" 하고 인정하는 순간 조금씩 자유로워집니다.

외면하고 싶은 나를 발견했다면 진짜 자아를 찾는 과정으로 삼아보세요. 가면 뒤에서 떨고 있을 내면의 작은 소년 소녀에게 "겁먹어도 괜찮아. 내가 알아줄게"라고 말할 수 있다면, 진짜 자아의 목소리가 서서히 살아날 것입니다.

"괜찮아. 나는 네가 보이지 않는 곳에서도 너를 알아봐. 네 상처도, 네 갈망도, 네 두려움도 모두 소중한 너의 조각들이야."

그 순간 마녀의 차가운 가면이 서서히 녹아내리고, 오랫동안 감춰진 진짜 자아가 떨리는 미소로 답할 것입니다.

4
아무것도
하지 않아도 된다

올가 토카르추크의 그림책 《잃어버린 영혼》에는, 바쁘고 치열하게 일만 하던 직장인 남자가 번아웃 상태에 빠진 모습이 그려집니다. 의사는 그에게 한적한 시골로 들어가 자신의 영혼이 돌아올 때까지 묵묵히 기다리라고 처방을 내립니다. 남자는 그 조언대로 창가에 앉아 호흡에 집중하며, 갈가리 찢긴 자신의 영혼을 조용히 마주합니다. 그리고 마침내 영혼이 돌아오는 순간, 흑백이던 책 속 장면이 환한 컬러로 바뀌면서, 남자의 마음이 되살아납니다.

지금 당신도 무언가에 쫓기며 치열하게 하루하루를 살아가고 있지 않나요?

2018년, 세계적인 팝스타 아리아나 그란데는 월드 투어 도중 모든 활동을 돌연 중단했습니다. 팬들에게 무대에서는 웃고 있지만 이 무게를 더는 견딜 수 없을 만큼 지쳤다고 솔직히 털어놓으며, 가족과 시간을 보내기 위해 잠시 멈춘 것입니다. 팬들은 그녀의 용기를 응원했고, 충분한 휴식 끝에 마음을 회복한 뒤 다시 무대로 돌아온 그녀를 환영했습니다.

테니스 스타 오사카 나오미 역시 2021년 프랑스 오픈 출전을 포기했습니다. 지친 자신을 돌보기 위해 잠시 쉬어야 한다고 고백한 것이죠. 이후 오사카는 자신의 정신 건강 문제를 정면으로 다루면서 점차 삶의 균형을 회복했고, 많은 이들에게 정신적 번아웃도 솔직히 인정해야 한다는 영감을 주었습니다.

굳이 병명을 붙이지 않아도, 이들은 모두 극심한 무기력과 탈진 상태를 겪었다고 볼 수 있습니다. 살다 보면 누구나 "아무것도 할 수 없을 것 같고, 모든 게 귀찮고 버겁다"고 느끼는 순간이 찾아올 수 있습니다. 너무 두려워하지 않아도 괜찮습니다. 그럴 수 있으니까요.

감정적 에너지의 고갈

• • •

다음은 미국의 정신과 의사 프랭크 미너스 박사가 만든 무기력 테스트입니다. 지금 현재 나의 상태를 점검해보고 싶다면 아래 항목을 읽으며 '예, 아니오'를 표시해보세요.

1. 최근 모든 일에 흥미를 잃었고 부정적인 생각만 든다.

    (예 □   아니오 □)

2. 퇴근 시간만 기다려진다.

    (예 □   아니오 □)

3. 내가 하고 있는 일이 적성에 맞지 않는다는 생각을 자주 한다.

    (예 □   아니오 □)

4. 매사에 조바심이 자꾸 생긴다.

    (예 □   아니오 □)

5. 직업을 바꾸고 싶다는 생각이 부쩍 늘었다.

    (예 □   아니오 □)

6. 전보다 두통(요통 혹은 기타 질환)이 심해졌다.

    (예 □   아니오 □)

7. '누가 나에게 관심이나 있을까?' 하는 실의에 자주 빠진다.

    (예 □   아니오 □)

8. 최근 술을 많이 먹고 주량도 늘었다.

    (예 □   아니오 □)

9. 매일 쌓이는 스트레스 때문에 신경안정제를 먹고 있다.

    (예 □   아니오 □)

10. 예전에 비해 기운이 떨어지고 하루 종일 피곤하기만 하다.

    (예 □   아니오 □)

11. 근래 들어 일(또는 역할)에 대한 부담이 커졌다.

    (예 □   아니오 □)

12. 기억력이 떨어지고 전보다 집중이 잘 안 된다.

    (예 □ 아니오 □)

13. 밤에 잠을 못 이루거나 새벽에 자주 깨고, 한번 깨면 다시 잠들기 힘든 날이 많다.

    (예 □ 아니오 □)

14. 식욕이 떨어졌거나 식욕이 지나치게 왕성해졌다.

    (예 □ 아니오 □)

15. 제대로 한 것이 아무것도 없다고 느껴진다.

    (예 □ 아니오 □)

16. 일에 대한 의욕이 예전보다 훨씬 못하다.

    (예 □ 아니오 □)

17. 내가 하는 일의 가치를 느끼지 못한다.

    (예 □ 아니오 □)

18. 전에는 결정하는 데 망설임이 없었는데 지금은 그러지 못하다.

    (예 □ 아니오 □)

19. 내가 좋아하고 자신 있게 하던 일이 보잘것없게 느껴진다.

    (예 □ 아니오 □)

20. "신경 써서 뭐 해? 나와 상관없는 일인데"라는 말을 자주 한다.

    (예 □ 아니오 □)

21. 나는 정당한 대우와 관심을 받고 있다고 생각하지 않는다.

    (예 □ 아니오 □)

22. 나의 문제에서 벗어날 길이 보이지 않아 무능함을 느낀다.

(예 □　아니오 □)

23. 일에 대해 지나치게 이상주의적이라는 말을 자주 듣는다.

(예 □　아니오 □)

24. 내 직업(또는 현재 역할)은 장래성이 없다는 생각이 든다.

(예 □　아니오 □)

'예'를 체크한 문항 수

• **0~6개**　비교적 양호합니다. 현재 무기력 증세가 심각해 보이지는 않지만, 스트레스가 누적되지 않도록 평소 자기 돌봄이 필요합니다.

• **7~12개**　주의 단계입니다. 최근 무기력감이 서서히 찾아오는 시점이며, 생활 습관과 감정 관리를 의식적으로 해주어야 합니다.

• **13~18개**　경고 단계입니다. 일상생활이 크게 지장을 받을 수 있으며, 적극적인 휴식과 심리적 지원이 필요합니다. 직장 내 상담, 전문가 상담 등도 고려해보세요.

• **19개 이상**　위험 단계입니다. 깊은 무기력과 탈진 상태일 가능성이 높으며, 전문적 도움(심리상담, 정신건강의학과 진료 등)과 현실적 지원이 절실합니다.

* 이 테스트는 가벼운 자가 진단일 뿐 정확한 의학적 진단이 아닙니다.

이런 무기력 증세가 나타나는 상태를 우리는 흔히 번아웃이라고 부릅니다. 사실 병명을 붙이는 것 자체가 중요한 것은 아닙니다. 내 몸과 마음이 보내는 신호를 제대로 알아차리는 일이 중요하지요. 몸은 자꾸 늘어지고, 마음은 물먹은 솜처럼 가라앉으며, 왜 나만 아무것도 못 하는 것인지라고 자책하는 순간이 있습니다. 이것이 바로 이제는 쉬어야 한다는 경고이자, 자신을 돌보라는 마음의 호소입니다.

번아웃에 대해 처음 정의를 내린 크리스티나 매슬랙은 번아웃의 주요 특징을 감정적 탈진, 냉소적 태도, 성취감 감소라고 했습니다. 이 상태에 빠지면 더 이상 자신이 무언가를 해낼 수 없다는 극심한 무력감이 따라옵니다. 직장 일이 아니라도 육아, 인간관계, 혹은 자신에 대한 지나친 기대 속에서 누구나 번아웃에 이를 수 있습니다. "더 잘해야 해", "강해야만 해"라는 내면의 채찍이 멈추지 않으면 결국 몸과 마음이 탈진 상태로 응답하게 됩니다.

나를 다시 채우는 게으름

마음챙김에 기반한 인지치료(MBCT)에서는 무기력감을 존재 모드와 행위 모드로 설명합니다. 마음챙김의 관점에서 무기력은 우리가 너무 오랫동안 행위 모드에 갇혀 있었음을 나타냅니다. 행위 모드는 끊임없이 문제를 해결하고 목표를 이루며 앞으로 나아가고자 하는 마음 상태입니다. 이 모드에서는 과거의 후회나 미래에 대한 걱정 속에서 현재를 살아갑니다.

반면 존재 모드는 순간순간을 있는 그대로 받아들이는 상태입니다. 이 모드에서는 무언가를 바꾸려 애쓰기보다, 지금의 경험을 있는 그대로 받아들입니다. 존재 모드에서는 "지금 내가 느끼는 감정은 무엇일까?", "이 감정을 그대로 느끼면 어떨까?"라는 질문을 통해 스스로를 이해하려고 합니다.

무기력과 번아웃은 우리가 지나치게 행위 모드에 갇혀 자신의 한계를 무시하고 앞으로 나아가기만을 강요할 때 나타나는 것이죠. 이런 상태에서는 스스로를 돌아보고 충전할 시간을 잃어버립니다. 그러나 존재 모드로 전환하면, 무기력은 단순한 장애물이 아니라 스스로를 돌보고 이해하는 기회가 됩니다.

번아웃과 무기력을 극복하는 첫걸음은 자신에게 멈출 자격을 주는 것입니다. 우리는 진짜 내 욕구나 감정이 무엇인지도 잊은 채 쉴 틈 없이 달려왔습니다. 이 멈춤의 시간에 다음 질문을 해보세요.

"지금 내가 진짜 원하는 건 무엇인가?"
"사실은 무섭고 불안한데, 그동안 내가 외면해온 감정은 무엇인가?"
"왜 이토록 나를 몰아붙였을까?"

멈추고 쉬는 것은 게으름이 아닙니다. 오히려 회복하고 나면 훨씬 더 나은 재도약을 할 수 있습니다. 하루 10분의 산책, 따뜻한 차 한잔 마시기, 스마트폰 없이 생각에 잠겨보기, 감정일기 쓰기, 이런 작은 실천을 해보세요. 또는 믿을 만한 친구나 전문가와 대화를 나누면서 힘들다고 솔직히 털어놓아 보세요. 이런 작은 행동이 무기력과 번아웃에서 회복하는 실마리가 될 수 있습니다.

완벽주의적인 태도를 내려놓는 것도 중요합니다. 모두가 불완전한 존재이고 그럼에도 괜찮다는 사실을 인정할 때, 비로소 자신에게 조금 더 너그러워질 수 있습니다.

물속에서는 허우적거리기보다 움직임을 멈추고 몸에 힘을 빼야 비로소 물 위로 떠오를 수 있습니다. 그렇게 나를 다독이면서 서서히 새로운 시작을 준비해보세요.

"괜찮습니다. 당신은 충분히 애썼고, 여기서 다시 시작하면 됩니다."

이 말이 지금의 당신에게 작은 위로가 되기를 바랍니다.

5
우리가 살아가는
유일한 시간

"이 세상에서 제일 행복한 사람은 누구인가?"

영국의 한 신문사에서 현상 공모를 내건 주제입니다. 수많은 응모작 가운데 1등으로 뽑힌 것은 해변에서 가족과 함께 모래성을 쌓고 있는 어린이의 모습이었습니다. 그 외에도 집안일을 마치고 휘파람을 불며 아기를 목욕시키는 사람, 작품에 마지막 붓질을 올리는 화가, 수술을 성공적으로 마친 뒤 땀을 닦는 외과의사가 순위에 올랐지요.

이들에게는 공통점이 있습니다. 바로 '지금, 여기'에 완전히 몰두하며, 눈앞의 순간을 온전히 살고 있다는 것입니다. 아이는 한여름 햇살 아래에서 모래성 쌓기에 온 에너지를 쏟고, 화가는 화폭의 마지막 터치에 정신을 집중합니다. 그들에게는 과거의 후회나 미래의 불안이 끼어들 틈이 없지요. 그저 지금, 여기를 소중히 누리는 그들의 표정과 눈빛에서 자연스러운 평온과 기쁨이 빛납니다.

"그때 내가 ~했더라면", "더 열심히 노력했어야 했는데", "그때 그렇게 말하지 않았더라면" 하고 끝없이 지나간 시간을 후회하고 자신을 질책하면, 오늘의 시간을 의미 없이 소모하게 됩니다. 한편으로는 "조금만 더 노력해서 좋은 대학에 가면", "올해만 허리띠를 졸라매면", "대출금만 다 갚고 나면" 같은 생각으로 아직 오지 않은 내일을 걱정하느라 오늘을 즐기지 못합니다.

〈쿵푸팬더〉에서 사부가 주인공에게 이렇게 말합니다.

"어제는 이미 지나간 역사이고, 내일은 미스터리처럼 알 수 없지만, 오늘은 선물과 같은 것이네. 그래서 현재를 선물(present)이라고 부른다네."

지나간 일에 갇혀 있으면 어제의 후회가 오늘을 삼켜버리고, 불안한 내일에 사로잡히면 오늘의 나를 잃어버립니다.

'어떻게 해야 행복해질 수 있을까?'라는 질문에 많은 이들이 "지금, 여기를 살아보세요"라고 답합니다. 단순히 기쁘고 즐겁게 지내라는 뜻이 아닙니다. 지금 느끼는 기쁨과 슬픔, 분노와 외로움 모두를 있는 그대로 받아들이고, 현재의 감정을 온전히 경험해보라는 뜻입니다. 그 과정에서 비로소 이것이 진짜 내 마음이구나를 깨닫게 됩니다.

'지금, 여기'에 몰입하는 6가지 방법

흔히 마음챙김이라고 부르는 개념은 특별한 의식이나 명상만을 가리키는 것이 아닙니다. 심리학자 존 카밧진은 이것을 지금 이 순간에, 판단하지 않고 주의를 기울이는 것이라고 설명합니다. 바쁘고 복잡한 일상에서 "지금, 나는 어떤 감각을 느끼고 있으며, 내 마음은 어떤 상태인가?"를 수시로 점검하는 것입니다.

퇴근 후 잠들기 전에 잠시 멈춰 호흡에 집중해보세요. 천천히 숨을 들이쉬고 내쉬면서 오늘 하루의 긴장을 조금씩 내려놓아 봅니다. 단 몇 분이라도 나의 몸과 마음이 어떻게 반응하는지 느끼다 보면 의외의 평온함이 스며듭니다. 일상에서 짧게 활용해볼 만한 마음챙김 기법을 알려드릴게요.

1. 차 한잔에 깃든 온기 느끼기

차를 마실 때 잔의 온도와 향, 목을 타고 내려가는 따뜻한 기운에 집중해보세요. 몇 분이라도 과거나 미래에 대한 생각을 내려두고, 차 한 모금마다 지금 이 순간의 감각을 만끽합니다. 작은 몰입에서 오는 잔잔한 평온을 느껴보세요.

2. 걱정 시간 정하기

하루 중 15~20분을 '걱정 시간'으로 정해놓고, 그 외에는 현재 하는 일에 몰두해봅니다. 불안과 걱정이 떠오르더라도 걱정 시간에 다루기로 하고 지금은 해야 하는 일로 돌아옵니다. 걱정을 없애려고 애쓰기보다 생각이 지나가도록 허용하는 것이 핵심입니다.

3. 파도타기처럼 흐름 받아들이기

삶은 행복과 불행, 만족과 실망이 번갈아 밀려오는 파도 같습니다. 지금 이 순간에 집중하다 보면 어떤 파도도 결국 지나가고 다음 물결이 옵니다. 파도를 거부하기보다 "파도가 내 앞에 왔구나" 하고 받아들이면, 두려움이 줄어들고 삶의 리듬에 유연해질 수 있습니다.

4. 낙엽 떠내려 보내기

잔잔한 개천을 상상하고, 떠오르는 생각과 감정을 낙엽에 적어 물에 띄운다고 생각해봅니다. 낙엽이 흘러가듯이 감정이 자연스럽게 지나가도록 허용합니다. 억누르지 않고 흘려보내는 경험을 통해, 내 머릿속 스토리가 나를 통제하는 대신 내가 그것들을 지켜보는 입장이 될 수 있습니다.

짧은 사례 "오늘 아침 상사에게 따끔한 지적을 받았을 때, '못난 나'라는 생각이 머리를 꽉 채웠어요. 화장실에 잠시 들어가 눈을 감고 낙엽 떠내려 보내기를 해봤습니다. 생각이 저절로 사라지지는 않았지만, '아, 저 생각이 또 흘러가는구나' 하고 지켜보게 되니 마음이 조금 가벼워졌어요."

5. 오감 스캔

시각, 청각, 후각, 미각, 촉각, 5가지 감각에 차례로 집중해 지금, 여기에 닻을 내리는 방법입니다. "내 주변에 보이는 사물은 무엇인가, 들리는 소리는 어떤가?" 혹은 "어떤 향이 나고, 내 몸에서 어떤 감촉을 느끼는가?" 하고 천천히 탐색해봅니다. 생각이 과거나 미래로 새어 나갈 때마다 지금 보이는 것, 지금 들리는 것으로 다시 돌아옵니다.

짧은 사례 "불안이 치밀 때, 창밖 풍경을 하나씩 살피고(시각), 바람 소리를 듣고(청각), 손끝에 닿는 의자 표면의 감촉(촉각)을 느껴보니 머릿속이 조금 맑아졌어요."

6. 생각, 감정을 이야기로 바라보기

강렬한 감정이 올라오면, "아, 지금 또 '이건 내 탓이야' 이야기(스토리)가 시작됐구나"라고 명명해봅니다. 생각이나 감정도 일시적인 스토리라고 인식하면, 휩쓸리지 않고 한 발 떨어져 지켜볼 수 있습니다. 내 안의 분노 이야기, 내 안의 자책 이야기처럼 라벨을 붙이면서, 나에게 이런 이야기가 있구나 하고 인정하면 점차 감정의 소용돌이에서 벗어날 여유가 생깁니다.

'지금, 여기'라는 말은 거창한 철학이 아니라 우리가 실제로 살아갈 수 있는 유일한 시간입니다. 한 번에 완벽하게 해내려 하지 마세요. 차 한잔에 집중하거나, 낙엽 떠내려 보내기를 해보거나, 하다못해 잠깐 눈을 감고 내 호흡 소리를 들어보는 것만으로도 충분합니다. 오늘을 하나씩 경험하다 보면, 어느새 스스로 놀랄 만큼 단단하고 여유 있는 내 모습을 발견하게 될 것입니다.

6
내 몸이 전해주는 감정 메시지

몸은 우리가 사는 첫 번째 집입니다. 태어나는 순간부터 죽는 날까지 우리는 결코 이 집을 떠나지 못하지요. 하지만 과연 얼마나 이 집을 소중히 여기며 살아왔을까요? 저는 얼마 전 어깨 회전근개 파열로 수술을 받았습니다. 의사는 노화 때문이라고 했지만 알고 보니 많이 써서가 아니라 제대로 움직이지 않고 돌보지 않은 탓이었습니다.

운동하기 싫어하고, 주로 앉아서만 지내는 직업 특성에 게으름까지 더해, 몸의 신호를 무시했던 것이죠. 당연히 다른 기관들도 언젠가는 고장 나겠구나 싶었습니다. 그제야 깨달았습니다. "몸이 이렇게 아플 정도로, 나는 얼마나 내 몸을 돌보지 않았던 걸까?"

몸을 돌보는 일은 단지 건강을 유지하기 위한 것이 아니라 나와 화해하고, 내가 잃어버린 것들을 되찾는 과정입니다. 어쩌면 저는 제 몸을 낯선 존재처럼 대해왔는지도 모릅니다. 원하는 대로 움직이지 않으면 짜증을 냈고, 쉬지도 않고 무리하게 일하면서도 왜 이렇게 약하냐며 내 몸을 탓하기 일쑤였지요.

하지만 몸은 침묵 속에서 우리에게 말을 걸고 있습니다. 극심한 스트레스가 쌓인 날, 가슴이 답답하고 속이 메스꺼워 아무 일도 하지 못할 것 같았습니다. 그래도 진통제로 억지로 버티다가 결국 맥없이 쓰러져 병원 신세를 지고 말았습니다. 의사는 "잘 먹고, 햇빛도 보고, 걷기도 해야 한다"고 조언했습니다. 한참 박사 논문을 쓰고 있을 때인데, 제 몸은 단순히 불편함을 넘어서 이제 멈춰야 한다는 메시지를 보내고 있었던 겁니다. 가슴이 답답하다면 불안이나 긴장감, 머리가 아프다면 멈추고 쉬라는 신호인지도 모릅니다.

먹고, 숨 쉬고, 걸어라

베셀 반 데어 콜크 박사는 《몸은 기억한다》에서, 몸은 우리의 경험과 감정을 모두 기억한다고 말합니다. 스트레스나 억눌린 감정, 치유되지 않은 트라우마는 몸에 흔적을 남겨, 만성통증, 피로, 소화불량 같은 증상으로 나타날 수 있습니다. 몸과 화해한다는 것은 이 신호들을 무시하지 않고 귀 기울이는 일입니다.

몸이 보낸 신호를 알아차리기 위해 스스로 묻고 답해보세요. 목이 뻐근하고 어깨가 무겁다면, "내가 뭘 억누르고 있지?", "가슴이 답답한 건 어떤 두려움 때문일까?"라는 질문을 던지고 감정일기나 간단한 메모를 적어보면, 몸이 전달하려는 메시지를 좀 더 분명하게 이해할 수 있습니다.

몸과 화해하는 데는 거창한 방법이 필요하지 않습니다. 오히려 매일 작은 선물을 주는 습관이 중요합니다. 과학적으로 효과가 입증된 몇 가지 방법을 알려드릴게요.

1. 심호흡으로 긴장 풀기

스트레스를 받으면 몸은 '싸우거나 도망가라'는 모드로 전환되어 코르티솔 같은 호르몬을 분비합니다. 이럴 때 코로 4초 들이쉬고 4초 멈춘 뒤 입으로 6초 내쉬는 복식호흡을 5분만 해도 자율신경계의 부교감신경이 활성화됩니다. 연구에 따르면 심호흡은 심박수를 안정시키고 스트레스 호르몬 수치를 낮춰줍니다.

2. 걷기 : 움직임이 주는 치유

현대인은 대부분 앉아 지내느라 몸의 순환과 유연성을 잃어갑니다. 하지만 하루 20분만 걸어도 스트레스 호르몬이 감소하고, 엔도르핀과 세로토닌 등의 호르몬 분비가 촉진되어 우울감이 줄어듭니다. 걷는 동안 발이 땅에 닿는 감각, 피부에 스치는 바람, 주변 풍경 등을 의식해보면, 짧은 명상과 유사한 효과를 얻을 수 있습니다. 가볍게라도 걸으면 내 몸을 인식하게 되고, 마음도 한결 가벼워집니다.

3. 따뜻하고 균형 잡힌 식사

즉각적인 만족감을 주는 단 음식이나 패스트푸드는, 장기적으로는 피로감과 우울감을 오히려 심화시킬 수 있습니다. 반면 오메가-3 지방산이 풍부한 생선과 견과류는 뇌 건강에 좋고, 우울증 완화에도 도움이 됩니다. 과연 이 음식이 내 몸에 어떠한 기운을 주는가를 한 번쯤 생각해보세요.

4. 스트레칭으로 굳은 몸 풀어주기

아침저녁으로 10분만이라도 허리, 목, 어깨를 가볍게 움직이고 풀어주는 것만으로, 긴장된 몸이 한결 유연해집니다. 고정된 자세에 갇힌 현대인에게 필수적이며, 통증 완화와 피로 해소에 효과적입니다. 스트레칭은 단순한 근육운동이 아니라, 몸에 산소를 공급하고 혈액순환을 돕는 활동입니다.

몸과 마음은 결코 분리된 것이 아니라 서로 끊임없이 영향을 주고받습니다. 베셀 반 데어 콜크 박사의 말처럼, 몸을 돌본다는 것은 내가 여전히 나 자신을 사랑하고 있다는 증거입니다. 몸은 그저 움직이는 기계가 아니라, 우리가 잊고 싶어 했던 상처와 기억을 고스란히 품고, 때로는 통증으로 메시지를 전하는 동반자입니다. 이 동반자의 목소리를 따뜻하게 들어주는 순간 진정한 치유와 화해가 시작됩니다.

　우리의 몸은 평생을 함께할 가장 소중한 거처입니다. 그럼에도 우리는 종종 이 특별한 공간을 당연하게 여기며 힘들다는 신호를 무시합니다. 오늘부터는 다른 선택을 해보세요. 아침에 일어나 몇 분간의 심호흡으로 하루를 시작하고, 바쁜 일과 중에도 잠시 멈춰 창밖을 바라보며 어깨를 풀어주세요. 저녁 식사는 조금 더 천천히, 음식의 맛과 향을 음미하면서 먹고, 하루를 마무리할 때는 오늘 내 몸이 전해준 메시지에 귀 기울여보세요. 이런 작은 관심과 돌봄이 쌓이면, 언젠가 몸은 더 이상 아픔을 호소하지 않고 편안한 속삭임으로 우리와 대화할 것입니다.

　몸과 마음의 평화로운 공존, 바로 그곳에서 진정한 건강과 행복이 시작됩니다. 지금, 바로 이 순간부터 여러분의 첫 번째 집을 사랑으로 가꿔가는 여정을 함께해보세요.

7
나만의
행복 의식 찾기

어린 왕자가 묻습니다. "의식(ritual)이 뭐야?" 그러자 여우가 대답하죠. "그건 어떤 날을 다른 날들과, 어떤 시간을 다른 시간들과 다르게 만드는 거야."

생텍쥐페리의 《어린 왕자》에 나오는 대화입니다. 이 짧은 문장은 삶에서 작은 행복을 발견하는 비결을 보여줍니다. 여우의 말처럼 특별한 의미를 부여하는 순간 평범한 날과 시간이 특별한 경험으로 바뀝니다. 어린 왕자가 자신의 장미를 돌봤을 때 비로소 그 장미가 세상에서 유일한 것이 되었듯이, 우리의 삶에도 주의를 기울인다면 작은 행복을 발견할 수 있습니다.

"저는 왜 이렇게 지쳤을까요? 왜 뭘 해도 즐겁지가 않을까요?" 늘 다른 사람의 요구를 들어주며 바쁘게 달려오느라 스스로를 돌보지 않았기 때문은 아닐까요? 삶은 매 순간 우리에게 작은 행복을 제공합니다. 저는 종종 아침에 어머니가 부엌에서 내는 칼질 소리, 전기밥솥에서 김이 치직거리는 소리를 들으면서 일어나곤 합니다. 어머니는 저보다 훨씬 부지런하고, 저의 아침을 지어주는 걸 낙으로 여기십니다. 때로 죄송하고 때로 감사합니다. 그런데 아침마다 듣는 그 일상의 소리가 저를 행복하게 만듭니다. 우리는 왜 이런 소중한 순간들을 놓치는 걸까요?

작은 행복은 종종 예상치 못한 순간에 찾아옵니다. 새벽녘 잠을 깨우는 창에 부딪히는 빗소리가 좋습니다. 교회에서 만나는 유치부 꼬마들의 천진한 눈웃음이 저를 행복하게 합니다. 이제 함께 늙어가는 강아지의 꼬순내를 맡거나 목욕 후 보들보들한 강아지의 배를 쓰다듬으며 따뜻함을 느낍니다. 늘 신는 높은 구두 대신 낮은 운동화를 신고 짬을 내어 커피 한잔을 들고 햇살을 받으며 동네를 걸을 때 스르르 미소를 짓습니다.

작은 행복을 놓치는 이유는 그 순간들을 당연하게 여기거나 너무 큰 목표에 빠져들기 때문입니다. 큰 행복을 쫓다 보면 삶이 흘려보내는 사소한 순간들은 그저 스쳐 지나가 버리죠.

사소한 순간도 글로 쓰면 행복이 된다

예주 씨는 상담이 끝난 날, 자신을 돌보는 42가지 방법이 담긴 그림을 보여주었습니다. 그림 속에는 자신을 돌보는 작은 행동들이 담겨 있었죠. 예컨대 맨발로 흙을 밟아보기, 강아지와 함께 놀기, 좋아하는 디저트를 먹으며 웃기 같은 일상적인 일들이었습니다. 그녀는 자신만의 행복을 발견하며 지친 마음을 다독여가고 있었습니다. 행복은 크고 특별한 사건이 아닙니다. 그것을 알아차리고 환대하는 마음가짐만 있으면 행복은 얼마든지 발견할 수 있습니다.

예주 씨가 발견한 42가지 자기 돌봄 방법 중 몇 가지를 소개할게요. 주말 아침에 가까운 공원으로 나가 새소리를 듣고 산책하면서 자연과 연결되기. 좋아하는 향초를 켜두거나, 따뜻한 물에 발을 담그고 몸을 이완시키면서 내 몸의 숨은 감각들을 깨우고 느껴보기. 자신에게 작은 선물을 주듯, 좋아하는 꽃을 한 송이 사서 방에 두거나, 나를 위한 달달한 쿠키 만들기 등입니다. 이런 행동들은 단순한 습관이 아니라 나를 위한 작은 축제가 될 겁니다.

매일 밤 그날의 작은 행복을 기록하는 행복 노트를 만들어보는 것도 좋습니다. "오늘 퇴근길에 들었던 노래가 고등학교 시절을 떠오르게 해서 배시시 웃었다", "흩날리는 벚꽃잎 아래서 셀카를 찍었다", "1시간 러닝머신을 뛰고 당당하게 아이스크림을 먹었다"와 같은 짧은 문장으로 충분합니다. 행복 노트를 쓰다 보면 행복한 순간들을 발견하는 눈이 열립니다. 작은 기록은 당신의 일상이 행복으로 가득 차 있음을 알려줍니다. 그리고 그 감사의 마음은 또 다른 행복을 불러옵니다.

스스로에게 이렇게 물어보는 것도 좋은 출발점이 됩니다.
"오늘 나를 위해 무엇을 했는가?"
"오늘 나를 기쁘게 했던 순간은 언제였는가?"
"내일은 나를 위해 어떤 선물을 줄 수 있을까?"
이런 질문은 내가 얼마나 나를 돌보고 있는지 알아차리게 해주고, 더 구체적인 실천으로 이끌어줍니다.

아무 일도 없는 그런 날

오늘 나를 미소 짓게 만든 것들을 하나씩 찾아보세요. 아주 작은 것도 괜찮습니다. 예쁜 꽃무늬 노트, 새로 산 커피잔, 친구와 나눈 짧은 대화도 좋습니다. 당신을 행복하게 해준 행동, 장소, 사람의 목록을 적어보세요. 그리고 주기적으로 그 목록을 하나씩 실천하세요. 혼자 영화 보기, 1박 여행 혼자 하기, 따뜻한 목욕 후 마사지 받기 같은 간단한 일들도 있을 겁니다.

집 안의 한구석을 당신만의 공간으로 꾸며보세요. 좋아하는 향초, 책, 푹신한 쿠션 등을 준비해 작은 행복의 거점으로 삼는 겁니다. 우리는 종종 머리로만 살아가지만, 삶의 행복은 감각에서 비롯됩니다. 손끝으로 질감을 느끼고, 입맛으로 계절을 즐기며, 귀로 음악을 듣고, 코로 계절의 향기를 맡아보세요. 이 감각적 경험이 당신을 행복한 삶으로 끌어당길 겁니다.

행복은 크고 화려한 순간이 아닙니다. 삶의 틈새를 채우는 작은 기쁨들입니다. 나만의 작은 행복을 찾는 이 과정은 단지 기쁨을 발견하는 것이 아니라, 결국 나 자신을 사랑하고 돌보는 일입니다. 그러니 오늘은 삶의 틈새를 들여다보세요. 그곳에는 당신을 기다리고 있는 조용한 행복이 숨어 있을 테니까요.

"당신은 이미 충분합니다. 당신으로 잘 자라고 있습니다."

예주 씨가 자신의 느낌을 표현한 말입니다.

여우의 말처럼 우리의 작은 의식이 평범한 날의 회색빛을 무지개 색으로 물들입니다. 오늘 당신의 손끝에 닿은 행복은 어떤 모습이었나요? 새벽 창가에 맺힌 이슬처럼 소박하고, 가을 낙엽 아래 숨겨진 밤송이처럼 뜻밖의 선물이었을지도 모릅니다. 행복은 결코 거창한 무대 위에서 펼쳐지는 것이 아닙니다. 그것은 오히려 일상의 조용한 배경음악처럼, 눈을 감아야만 선명히 들리는 심장의 고동처럼 존재합니다.

당신이 잠시 걸음을 멈추고 귀를 기울일 때 그 작은 행복의 속삭임이 들려옵니다. 바쁜 나날들에 지친 당신의 영혼에 부드럽게 스며드는 그 목소리를 느껴보세요. 지금 이 순간 삶이라는 책 속에 숨겨진 작은 행복의 문장들을 하나씩 발견하는 여정에서 온전히 자기 자신을 만나게 될 테니까요.

8
"잘 지내고 있나요?"

드라마 〈응답하라 1988〉에서 좁은 골목길 하나를 사이에 두고 이웃들은 함께 식사도 나누고, 때론 서로의 삶에 지나치게 깊이 관여하는 것처럼 보이기도 합니다. 누군가 힘겨워 보이면 문을 두드리고, 웃음소리가 새어 나오면 함께 모여서 웃습니다. 때론 시끌벅적하고, 때론 오지랖으로 넘쳐나는 그 공동체가 주는 따스함이 있습니다. 이웃집 아저씨가 내 집을 드나들고, 엄마들이 함께 밑반찬을 나눠 먹고, 아이들은 서로의 집을 동네 놀이터처럼 드나듭니다. 마치 "네가 힘든 일이 있으면 언제든 와. 우리가 함께해줄게"라고 말하는 듯한 온기가 느껴집니다. 이웃을 '남'이 아니라 '함께 살아가는 사람'으로 바라보며, 인생의 여러 복잡한 문제를 서로 의지하며 헤쳐나갑니다.

현대사회를 살아가는 우리는 예전처럼 다닥다닥 붙어 지내는 골목문화를 누리기가 쉽지 않습니다. 아파트 문 사이로 스쳐 지나가던 얼굴도 곧 잊혀지곤 하지요. 하지만 그렇다고 해서 사회적 지지가 덜 필요한 것은 아닙니다. 오히려 1인 가구가 늘고, 관계가 단절되기 쉬운 환경일수록 마음을 나누고 안전감을 주고받을 사람들의 존재가 절실합니다.

출근길에 우산을 챙기지 않았다면, 퇴근길에 흠뻑 젖은 채 집으로 돌아갈 수밖에 없습니다. 이때 누군가 조용히 "저 우산이 하나 더 있는데, 이거 쓰실래요?"라고 건네준다면 어떨까요? 마치 얼어붙어 있던 마음이 서서히 녹아내리듯 가슴 한구석이 따뜻해질 것입니다.

내가 살아가는 이유

심리학자 데이비드 콥은 사회적 지지를 가족, 친구, 지역사회 등 다양한 관계망 속에서 받는 정서적, 도구적, 정보적, 평가적 지지라고 정의했습니다. 셸던 코언과 토머스 애쉬비 윌스는 스트레스 완충 가설을 통해, 사회적 지지를 충분히 받는 사람이 그렇지 않은 사람들보다 우울이나 불안에 더 강하다는 것을 밝혀냈습니다. 주변 사람에게 받는 위로와 공감, 도움은 우리의 정신건강을 지키는 강력한 보호막이 되어줍니다.

또 다른 연구에서 줄리앤 홀트-룬스태드는 강력한 사회적 연결을 가진 사람이 고립된 사람들보다 조기 사망률이 50% 낮다고 보고했습니다. 이는 외로움이 신체 건강에도 부정적인 영향을 미칠 수 있음을 말합니다. 사람과 사람 사이의 연결이 우리의 몸과 마음을 지키는 중요한 열쇠라는 사실을 보여주는 셈이지요.

힘든 하루 끝에 전화를 걸 수 있는 친구, 아무 말 하지 않아도 내 마음을 알아주는 사람, 가끔은 내 손을 잡고 '괜찮아'라고 말해주는 존재. 그런 관계가 있을 때, 우리는 다시 세상을 마주할 힘을 얻습니다. 관계는 때로 지치게도 하지만, 결국 인간은 함께 살아가는 존재이니까요.

영화 〈리틀 포레스트〉에서 주인공 혜원은 도시에서 받은 상처를 안고 고향으로 돌아옵니다. 모든 것이 무너져버린 것만 같았지만, 그녀를 다시 살아가게 한 것은 다름 아닌 소박한 일상이었습니다. 함께 음식을 나누고, 따뜻한 말 한마디를 주고받으며, 그녀는 서서히 치유되어 갑니다. 사람의 온기 속에서 다시 삶을 회복해나가는 과정. 그것이야말로 우리가 관계 속에서 얻을 수 있는 가장 큰 힘이 아닐까요?

혼자가 아니라는 확신

● ● ●

외롭고 지친 사람들이 누군가에게 마음을 열고 도움을 요청

할 용기를 냈을 때, 상황이 놀라울 만큼 호전되는 경우가 많습니다. 손을 내밀면 "너도 힘들었구나. 나도 그랬어. 우리 함께 해보자"라는 공감의 말이 돌아옵니다. 서로에게 버팀목이 되어줄 때 나만 동떨어진 것 같다는 외로움이 조금씩 희미해집니다.

또한 경계를 존중하는 것도 중요합니다. 상대방의 모든 감정을 내가 떠안을 수는 없습니다. 어디까지 도울 수 있고, 어디서부터 상대가 스스로 해결해야 할 몫인지 고민하며 균형을 맞추는 것이 필요합니다.

거창한 행동이 아니더라도, 작은 실천부터 시작할 수 있습니다. 친구에게 "잘 지내?"라고 안부 메시지를 보내는 것, 가족과 짧은 대화를 시도해보는 것, 길에서 이웃을 마주쳤을 때 환한 미소를 건네는 것, 취미 모임이나 봉사활동을 통해 새로운 연결을 만들어가는 것.

아침에 눈을 뜨기 힘든 날이면 누군가의 안부 전화가, 길을 잃은 것 같은 날에는 낯선 이의 미소가 우리를 다시 일으켜 세웁니다. 겨울밤 창가에 맺힌 서리처럼 얼어붙은 마음도, 누군가의 따스한 손길에 조금씩 녹아내리기 마련입니다. 바다 위의 작은 등대들이 서로를 비추듯, 당신의 작은 온기가 누군가에게는 살아갈 용기가 되고, 또 다른 이에게는 내일을 꿈꿀 희망이 됩니다. 그 소중한 연결 속에서 우리는 비로소 온전한 삶의 의미를 발견할 것입니다.

9
경탄의 눈빛으로 나를 바라보기

　무언가를 보고 깊이 놀라며 마음 깊이 감탄하는 것을 '경탄하다'라고 합니다. 제가 가장 좋아하는 단어 중에 하나이기도 하지요. 자기도 모르게 숨을 멈추고 세상의 아름다움에 압도되는 순간, 삶의 경이로움을 느낍니다.

　저에게 가장 먼저 떠오르는 경탄의 순간은 대학교 1학년 여름, 선배들과 지리산 종주를 했을 때입니다. 무거운 배낭과 텐트를 짊어지고 일주일 동안 오직 걷기만 했습니다. 어제와 같은 일과가 반복되고, 언제 끝날지 모르는 고된 여정에 지칠 즈음, 드디어 지리산 꼭대기에 닿았을 때 맞이한 해돋이는 말 그대로 장관이었습니다.

　온 하늘과 땅을 붉게 물들이며 떠오르는 태양. 그 경외와 감동의 순간에는 어떠한 말도 필요하지 않았습니다. 자연의 신비

앞에서 제 온몸과 마음이 가슴 벅찬 감동에 포개졌지요.

우리가 세상을 경탄하며 바라본 순간, 혹은 누군가 우리를 경탄스럽게 바라본 순간들이 모여 지금의 나를 이루고, 인생에 다채로운 빛깔을 더해줍니다. 경탄스러운 눈빛이란 그저 "잘했어!" 하는 칭찬을 넘어, "너 자체가 놀라운 존재야"라는 메시지를 담고 있습니다. 부족함이나 실수를 넘어 존재의 고유함을 그대로 받아들이고 기뻐하는 시선으로 말입니다.

심리학자 에드워드 트로닉의 무표정한 얼굴 실험에서 부모가 아기를 어떤 눈빛으로 바라보느냐가 얼마나 결정적인 영향을 미치는지 알 수 있습니다. 엄마와 마주 보던 아기는 엄마의 밝은 반응과 웃음 속에서 세상을 탐색하지만, 갑작스러운 엄마의 무표정에는 불안과 두려움의 눈물을 터뜨립니다.

존재 그 자체로

• • •

하지만 세상의 모든 아이가 그런 사랑과 경탄의 눈빛을 받으며 자라는 것은 아닙니다. 근심과 불안과 책망이 담긴 부모의 시선 속에서 주눅 든 채 자라나는 아이들도 있습니다. 그러다 보면 나이가 들어서도 스스로를 바라보는 눈빛 역시 삐뚤어지기 쉽습니다. "나는 잘 못해. 나는 별 가치가 없는 사람이야"라며 자기비하에 빠지기도 합니다.

이제는 내가 나에게 경탄의 눈빛을 보내야 할 때입니다. 부모나 다른 누군가가 아니라 스스로 그 사랑을 배우고 실천해야 합니다.

거울 속에 있는 나에게 눈을 맞추고, "나는 지금 이대로도 충분히 아름답다"라고 말해보세요. 처음엔 어색하겠지만, 나를 있는 그대로 인정하는 경탄의 눈빛이 쌓일수록, 내 안의 작고 소중한 자신감과 따뜻함이 움트기 시작할 것입니다.

일상 속에서도 경탄의 태도를 실천할 수 있습니다. 매일 잠들기 전 "오늘 나, 참 괜찮았어" 하고 쑥스럽지만 자랑스러운 순간들을 적어보세요. 하다못해 커피 한잔을 마시며 잠시 쉬어가는 소중함을 깨달았다고 해도 좋습니다. 그런 사소한 순간들에 경탄하고, 스스로를 칭찬하는 언어를 써보는 것은 자기 사랑의 기술을 익히는 훌륭한 연습이 됩니다.

단 1초도 소중하지 않은 적이 없는 나

• • •

에리히 프롬은 자기를 사랑할 줄 모르는 사람은 누구도 사랑할 수 없다고 말했습니다. 내가 나를 사랑한다는 것은 무턱대고 자만에 빠진다는 뜻이 아니라, 내 존재를 존중하고 지지해준다는 의미입니다. 우리가 맨 처음 배워야 할 사랑은 결국 자기 자신을 돌보는 것입니다.

영화 〈먹고 기도하고 사랑하라〉의 주인공 엘리자베스도 남들의 눈에는 부족할 것 없는 삶이었지만, 그녀의 내면은 공허와 불안으로 흔들렸습니다. 결국 긴 여행을 통해 '먹고, 기도하고, 사랑하는' 과정을 하나씩 밟아가며 내면의 힘을 회복해나갑니다. 우리가 살아가면서 종종 놓치는 것은 내가 진정으로 원하는 게 무엇인지를 솔직히 바라보지 않는 것입니다.

치열한 경쟁 속에서 하루하루를 겨우 버티느라 지친 사람도 있고, 아이를 키우느라 나 자신을 잃어간다고 느끼는 사람도 있습니다. 그럴 때 경탄의 눈빛으로 자신을 바라보는 연습이 필요합니다. "우와, 너는 정말 소중하구나" 하고 소리 내어 경탄하는 순간 우리의 존재는 빛날 테니까요.

이 책의 마지막 페이지를 넘기며, 당신에게 작은 소망을 전합니다. 매일 아침 눈을 뜨는 순간, 어제보다 조금 더 나를 사랑하는 하루가 되기를, 잠들기 전 오늘의 나를 있는 그대로 품어주는 밤이 되기를, 삶의 거친 파도와 폭풍 속에서도 내 영혼의 등대는 항상 빛나고 있음을 기억하기를, 그리고 무엇보다 당신이 걸어온 모든 길과 흘린 모든 눈물, 피워낸 모든 웃음이 그 자체로 충분히 가치 있고 아름답다는 사실을 결코 잊지 않기를 바랍니다.

존재 자체로 괜찮은 날이었다

1판 1쇄 인쇄 2025년 6월 20일
1판 1쇄 발행 2025년 6월 25일

지은이 권미주

편 집 추지영
디자인 정태성
마케팅 신용천
물 류 책글터
펴낸곳 밀리언서재
등 록 2020. 3. 10 제2020-000064호
주 소 서울시 마포구 망원동 385-33
전 화 02-332-3130
팩 스 0502-313-6757

이메일 million0313@naver.com
블로그 https://blog.naver.com/millionbook03
인스타그램 https://www.instagram.com/millionpublisher_/
ISBN 979-11-91777-98-7 03190
정가 18,800원

※ 저작권법에 의해 보호를 받는 저작물이므로 무단 전재와 복제를 금합니다.